Riemann

One Earth Spirit

MAURO CORONA

# Die Stimme des Waldes

## Von Baumgeheimnissen und dem Leben mit der Natur

Aus dem Italienischen von Elisabeth Liebl

Riemann
One Earth Spirit

Die italienische Originalausgabe erschien 1998
unter dem Titel »Le Voci del Bosco«
bei Edizioni Biblioteca dell'Immagine, Pordenone

*Umwelthinweis:*
**Dieses Buch wurde auf 100 % Recyclingpapier gedruckt, das mit dem blauen Engel ausgezeichnet ist.**
Die Einschrumpffolie (zum Schutz vor Verschmutzung) ist aus umweltfreundlicher und recyclingfähiger PE-Folie.

Der Riemann Verlag
ist ein Unternehmen der Verlagsgruppe Random House

1. Auflage

Redaktion: Gerhard Juckoff
Satz: Barbara Rabus, Sonthofen
Druck und Bindung: GGP Media, Pößneck
Printed in Germany
ISBN 3-570-50017-9
www.riemann-verlag.de

*»Wir sind Bäume,*
*und die Bäume sind Menschen.«*

Den Pyromanen,
damit sie nachdenken.

# Einführung

Die folgenden Seiten sind weder als botanische Abhandlung gedacht noch ist das darin Gesagte als endgültige Wahrheit zu verstehen. Es sind vielmehr meine ganz persönlichen Wahrheiten, Ausdruck meines nunmehr vierzigjährigen Lebens in und mit dem Wald sowie meiner Unterhaltungen mit den Pflanzen. Diese lange Zeit hat mich gelehrt, dass alles in der Natur seinen eigenen Charakter hat, seine Persönlichkeit, seine Sprache, sein Schicksal. Wenn man sich der Schöpfung mit geöffneten Augen und Ohren widmet, wird man schließlich ihre Stimme vernehmen. Ein sanftes Gebirgsrinnsal schwillt nach tagelangem Regen zum reißenden Wildbach an. Das klare Wasser färbt sich lehmbraun und droht uns mit lauter, tosender Stimme. Es richtet sein Wort an uns, mahnt uns zur Achtsamkeit, warnt uns vor allen waghalsigen Versuchen, es überqueren zu wollen. Die Bäume hingegen stehen still, doch sind auch sie ganz eigene Charaktere, was sich auf vielerlei Weise ausdrückt: in der Schönheit ihres Wuchses, dem Rascheln des

Laubes oder der Natur ihres Holzes. Und darin, wie sie auf die Berührung verschiedener Menschen reagieren. In den folgenden Geschichten geht es um Bäume und Menschen. Manchmal wird gut von ihnen gesprochen, manchmal schlecht. Wer seine Kindheit im Schatten einer Linde verbracht hat, die im Hof seines Geburtshauses wuchs, wird mir freilich nicht unbedingt zustimmen, wenn ich die Linde rundheraus ablehne. Unsere persönlichen Neigungen und Ansichten (die ich im Übrigen respektiere) sagen nichts über den wirklichen Wert einer Sache aus. Und für mich bleibt die Linde ein Baum, der zwar aller Augen auf sich zieht, im Innersten aber schwach und von geringem Wert ist. Auch ich mag bestimmte Pflanzen besonders, andere weniger, und mit wieder anderen will ich überhaupt nichts zu tun haben. Im Leben verhält sich das ja genauso. Mit Freunden, Arbeitskollegen, Frauen, Menschen überhaupt macht man ja ähnliche Erfahrungen. Die Sympathie, die wir einem Baum entgegenbringen, die Bedeutung, die wir ihm beimessen, ist etwas zutiefst Persönliches. Sie entsteht aus einer gewissen Komplizenschaft, einer unbewussten Verwandtschaft der Charaktere.

Daher verspürt ein arglistiger Mensch, fast ohne sich dessen bewusst zu werden, vielleicht eine gewisse Neigung zum Holunder, ein gütiger Mensch fühlt sich womöglich von der Kiefer angezogen, der Schlichte von der Buche und so weiter.

Doch trifft die Bäume keine Schuld. Ihre schlechten Charakterzüge sind fest mit ihrem Standort verbunden, wenn sie nicht gerade von uns brutal entwurzelt werden. Der Mensch hingegen verbreitet seine Niederträchtigkeit aus freien Stücken über die ganze Erde.

*Mauro Corona*

*Erto, das steile Dorf*

Ich möchte Ihnen heute vom Wald von Erto erzählen. Er sah mich wachsen, so wie ich ihn wachsen sah. Dieser Wald hatte es nie so einfach wie seine glücklichen Brüder, die auf sonnenbeschienenen, sanften Hängen wachsen. Der Wald von Erto steht am Steilhang, an einem »erto« eben. Auf die simpelsten Bequemlichkeiten musste er verzichten, und alles, was ihm zu Eigen ist, hat er sich mühevoll erworben – wie die Ertaner, seine Bewohner.

Die Ertaner sind zäh. Über Jahrhunderte hinweg vom Unglück verfolgt, haben sie doch gelernt, nie aufzugeben. Sie haben ihr Brot immer ehrlich erworben und ihre Tragödien still ertragen – ohne lautes Jammern. Die Ertaner sind besonnene Menschen, denn – wie der Wald – so mussten auch sie sich fest in diesen Steilhängen verwurzeln. Wer sich auf solchem Boden halten will, darf innerlich nicht wanken.

Mir war das Glück beschieden, einen Großvater zu haben, der mit Holz arbeitete. Er machte Brennholz aus den Baumstämmen und tausenderlei Dinge, welche die Großmutter und meine Eltern in den Dörfern der Ebene verkauften. »Wir waren Kinder der Berge und kannten nur wenige Freuden und Spiele«, schreibt die ligurische Schriftstellerin Renata Viganò. Wie alle armen Kinder hielten wir uns häufig bei den Großeltern auf. Auch ich wurde als Kind meinem Großvater anvertraut: einem 1879 geborenen, schweigsamen Mann von hoher Statur. Sein Name war Felice Corona.

Von Beruf war er Holzschnitzer. Er stellte Kochlöffel her, Schalen, Esslöffel, Gabeln und Siebe fürs Mehl. Den Bäckern lieferte er die Schaufeln aus Ahornholz, mit denen sie ihre Brotlaibe aus dem Ofen holten – ungeheuer lange, gut eine Spanne breite Stangen, glatt und weiß, von jener hellen, schlichten Schönheit, die so unschuldig wirkt. Weiß gibt uns immer das Gefühl von Reinheit, darum eignet sich für den Umgang mit Brot kein Holz so sehr wie das des Ahorns.

Das Gesicht meines Großvaters erinnerte an Kaiser Franz Josef.

Ich lief ihm nach, weil ich von ihm lernen wollte. Ich bemühte mich, den Wald und die Sprache der Bäume kennen zu lernen.

Auf diese Weise entdeckte ich, dass die großen

*An langen Winterabenden entstanden unter den Händen meines Großvaters auf magische Weise wunderschöne Spielsachen.*

Wälder Städten gleichen, während die kleinen Dörfer und Weiler Bühnen des Lebens sind, auf denen die Menschen ihre Tragödien, ihre Freude und ihren Schmerz ausleben. Die Bäume sind wie wir, und wir sind wie die Bäume. Jeder hat seinen eigenen Charakter, seinen Körperbau, sein Wohl und Wehe. Wenn wir die Pflanzen beobachten, werden wir schließlich eine entdecken, in der wir uns wiedererkennen. Denn auch die Pflanzen besitzen eine Persönlichkeit, ihre eigene Art zu leben, sie haben – wie wir – Bildung und Kultur. So erkennt der gütige, großzügige Mensch sich in der Zirbelkiefer wieder, der dickköpfige in der Hainbuche, der hochmütige im Walnussbaum, der elegante in der Birke und so fort. Doch wenn uns nach solchen Einsichten verlangt, müssen wir zuerst die Sprache des Waldes lernen, um in seinem Buch lesen zu können. Ich kann Ihnen versichern, dass dieses Studium so manche überraschende Entdeckung bereithält.

Während unserer Streifzüge durch den Wald stellte mein Großvater mir eines Tages die Lärche vor. In glatte Dauben geschnitten, diente sie zur Herstellung des *baríl,* des kleinen ovalen Fasses, in dem man den Schnittern auf den Bergweiden Wasser brachte.

Er betrachtete aufmerksam den Stamm und sagte

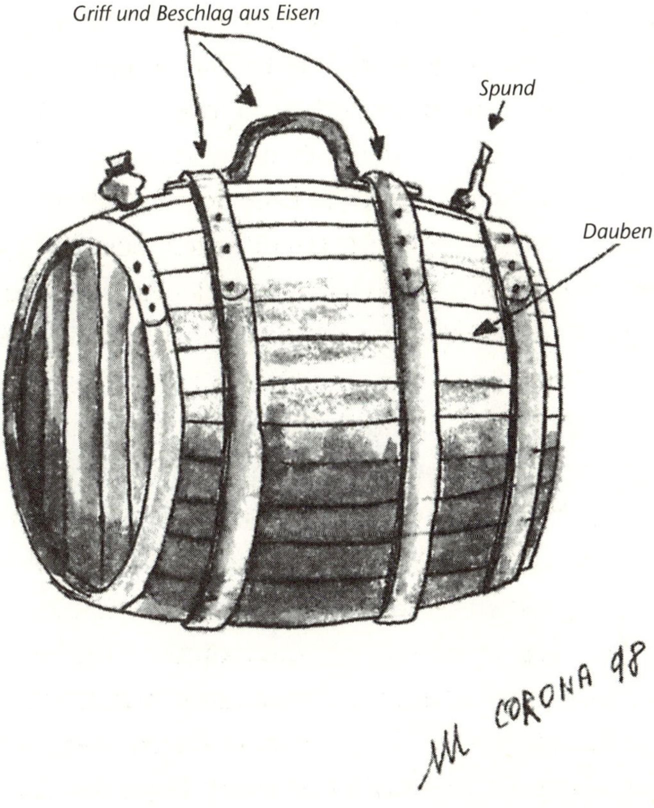


Das »baríl« (Fässchen), dessen Dauben
immer aus Lärchenholz bestehen

zu mir: »Der scheint gerade zu sein.« Woraufhin ich, das Kind, den Stamm für gerade ansah. Doch dann half er mir, meine Beobachtungsgabe zu schärfen. Weiter oben, schon fast am Wipfel, verdrehte die Lärche sich nämlich zu einer Spirale. »Weißt du, warum das so ist?«, fragte er mich. »Sie wurde misshandelt, solange sie noch klein war. Der Wind hat sie verdreht, als sie noch ein Sprössling war, und jetzt verlaufen ihre Fasern von der Wurzel bis zum Wipfel nicht mehr gerade. Wir können sie also nicht fällen: Für ein *baríl* brauchen wir vollkommen gerade Bretter.«

In diesem Moment sprach die Lärche zu ihm: »Schlag mich nicht, alter Mann. Ich wurde als Kind misshandelt und kann deinen Zwecken nicht mehr dienen. Lass mich leben! Wenn du mich schlägst, bin ich nur noch für das Feuer gut.«

Auf diese Weise lernte ich die Sprache der Bäume, Sommer um Sommer, Jahr um Jahr. Ich lief hinter meinem Großvater her und sah zuerst nur mit seinen Augen. Stück für Stück aber wurde mir klar, wie ich die meinen gebrauchen musste. All dies geschah ganz selbstverständlich und natürlich. Die Besuche bei Lärche, Hainbuche, Ahorn, Goldregen und den vielen anderen Bäumen waren eine Hauptbeschäftigung meiner Kindheit.

Denn jeder Baum hat eine Stimme, einen Charakter und eine Verwendung, zu der er am besten taugt.

Auch meine Großmutter Maria – damals waren die Namen noch einfach und geradlinig (Maria, Giuseppe, Pietro) wie die der Bäume (Lärche, Tanne, Kiefer) – war eine Waldfrau. Doch ihre Beziehung zu den Bäumen war praktischer Natur und beschränkte sich auf das Wesentliche. Ein Stück grünes Holz, das sich nicht zum Verfeuern eignete, erkannte sie sogar im Dunkeln, indem sie es in der Hand wog.

Sie wusste, dass man das Laub des Walnussbaumes den Kühen nicht als Streu aufschütten durfte, da ihnen sonst sofort die Milch ausblieb.

Ihr Wissen war praktischer Art. Es ging dabei vor allem darum, Schäden zu vermeiden. Wie alle Frauen hatte sie ein Gespür für den Kern der Dinge.

Während ihres irdischen Lebens als Ehefrau und Mutter hatte das Schicksal sie schwer geprüft. Von ihren sechs Söhnen waren vier bereits in jungen Jahren am Spanischen Fieber gestorben.

Es war nicht einfach für sie, an der Seite meines Großvaters zu leben, dessen schweigsame Güte häufig mit forderndem Starrsinn einherging.

Einmal, und nur dieses eine Mal, brachte er ihr

(ich weiß nicht warum, vielleicht aus Eifersucht) eine Narbe bei, indem er ihr einen glühenden Span übers Gesicht zog. Dieses Brandmal unter dem linken Auge trug sie noch, als sie mit neunzig Jahren starb.

Sie ging selten in den Wald, war aber durchaus fähig, in ihrer Kiepe schwere Lasten zu tragen. Von der Hainbuche lud sie nur wenige Stücke auf, von Erle und Linde aber, den leichteren Hölzern, nahm sie mehr mit nach Hause.

Aus der wilden Linde dagegen schnitzte man die Polentateller, da sie leicht wie Papier ist.

Eine Kiepe ist ein konisch geformter Korb von etwa einem Meter Höhe. Der obere Durchmesser beträgt ungefähr 50 Zentimeter.

Die Stäbe, den Boden und den oberen Ring macht man aus Ahornholz, die Flechtstreifen hingegen aus Haselnuss und die Trageriemen aus dem Holz des Schneeballs. Wie einen Rucksack trägt man sie auf dem Rücken. In unserem Dorf sind die Letzten, die die alte Kunst des Kiepenmachens noch verstehen, Rico Dorizzi und der »Künstler« unter den Holzfällern, Carle De Furlan.

Doch wollen wir ein anderes Holzgenie nicht vergessen, das in Erto die Ära des Plastiks überlebt hat. Er heißt Cice Mela und ist Spezialist für Koch-

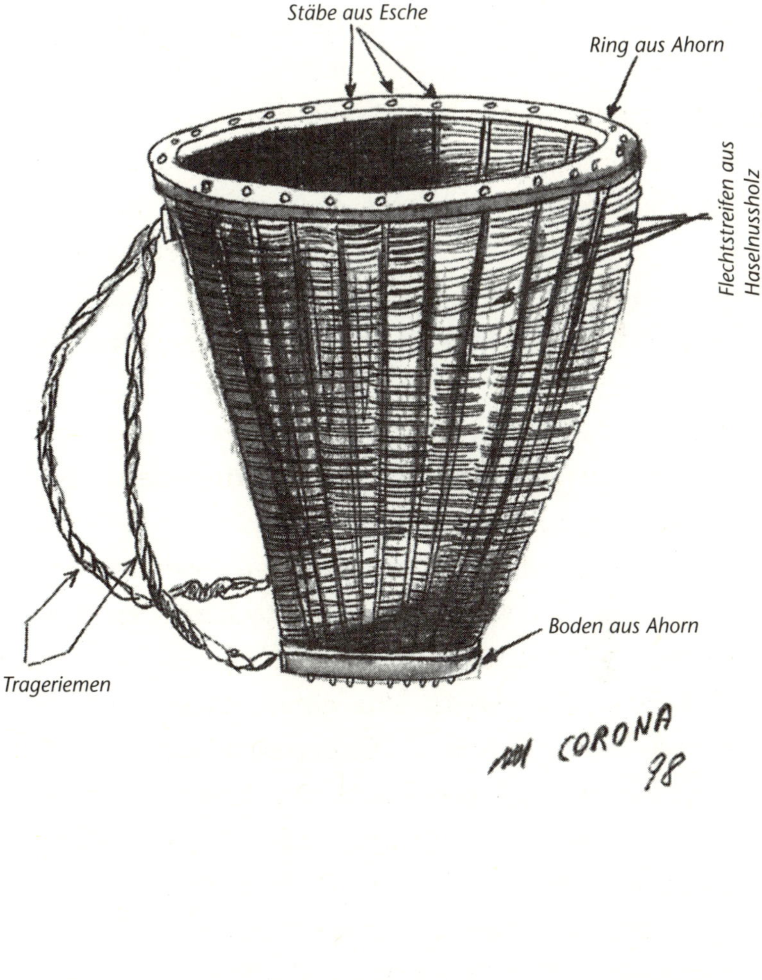


Kiepe aus dem Dorf Erto

und Esslöffel aus Buchenholz. Er schnitzt sie in den raffiniertesten Formen, und die Löffelwölbung wird bei ihm nie dicker als einige Millimeter, was an ein Wunder grenzt. Ihm gebührt daher der höchste Preis, denn er ist wahrhaft eingedrungen in die Seele der Buche.

Mein Großvater sprach mit den Bäumen. Er achtete sie wegen der Dinge, die sie ihm aus ihrem Holz zu schnitzen erlaubten.

Er bat mich, die Hände um den Baum zu legen, wenn er die Rinde einschnitt, um neue Reiser zu pfropfen. Er war davon überzeugt, wie ich es im Übrigen heute noch bin, dass der Baum in diesem Augenblick Angst bekam, zu zittern begann und ein fiebriger Schauer ihn überlief. Daher benutzte er meine Hände, um den Baum zu beruhigen und zu schützen. Ich sollte ihm helfen, den Schmerz zu ertragen, den der Schnitt ihm verursachte.

Bis vor wenigen Jahren war die Beziehung der Waldbewohner zu den Bäumen noch von gegenseitigem Respekt geprägt.

Natürlich waren nicht alle Holzfäller so sensibel wie mein Großvater. Einige sprachen mit den Bäumen nur das Nötigste, andere dagegen erzählten ihnen so viel wie möglich.

Sehr viel habe ich von dem alten Jäger Ottavio

gelernt, von Checco De Costantina, der bei der Tragödie am Vajont gestorben ist, und von Carle De Furlan.

Checco war ein Geschöpf des Waldes. Er sah aus wie ein Gespenst – winzig klein, mit breiten Schultern und einem ellenlangen Bart. Checco war ein erfahrener Jäger, Bergsteiger und Waldgänger, daher liebte er die Natur wie keiner sonst. Während seines langen Lebens hat er vermutlich öfter im Wald und in Höhlen geschlafen, als sich unter einem Dach zur Ruhe zu legen. In dieser Zeit hatte er einen feinen Instinkt entwickelt. Er witterte die Gefahr, und wenn er ging, bewegte er sich ruckartig und gleichzeitig behutsam wie eine Gämse.

Das letzte Jahr seines Lebens verbrachte er in vollkommenem Schweigen. Die Welt durchstreifte er nur noch nachts.

Die Details der Natur, die vielen winzigen Einzelheiten, interessierten ihn nicht mehr. Er wollte nur noch die Silhouetten sehen. »Die Umrisse von Bergen und Bäumen in der Nacht sind so schön und geheimnisvoll«, hatte er mir einmal anvertraut.

Checco hatte oft zu mir gesagt: »Du kannst jetzt nicht hinaufgehen. Der Berg will dich nicht.«

Und das war die Wahrheit. Der Berg zeigte uns das zynisch blaugraue Gesicht des unmittelbar bevorstehenden Gewitters. Und seine Flanken legten beredtes Zeugnis ab von seiner derzeitigen schlechten Laune.

»Er schaut finster! Jetzt will er dich nicht.« So sprach Checco De Costantina.

Wie oft hat er mich auf eine Gefahr, auf eine bevorstehende Schwierigkeit hingewiesen. Er wollte mir helfen, meinen Selbsterhaltungstrieb auszubilden, indem er mir beibrachte, wie ich den Berg zu betrachten hatte. Er lehrte mich, seine Stimme zu hören.

Ich erinnere mich auch noch gut an Sepp De Paol, ein anderes Opfer, das in den Wassern des Vajont den Tod fand. Bevor er ein Stück Holz auf der Drechselbank einspannte, um daraus einen Suppenteller oder einen Mörser zu machen, nahm er es in die Hand, betrachtete es, drehte und wendete es, um es dann wieder hinzulegen. Er zündete sich eine Zigarre an, griff wieder nach dem Holzstück und strich zärtlich mit der Hand darüber. Nicht dass er damit nichts anzufangen gewusst hätte! Was daraus werden sollte und wie er es anstellen würde, war ihm lange vorher klar. Er wollte nur mehr über sein Werkstück wissen, es besser verstehen. Zwischen ihm und dem Holz fand ein stiller Dialog statt.

*Der schreckliche Baummensch aus Val Bozzía*

Sepp De Paol arbeitete nicht einfach drauflos. Er versuchte, die Vorzüge des Werkstücks zu verstehen, seine guten Seiten zu erkennen. Genauso müsste man es auch mit den Menschen machen. Denn tatsächlich gab ihm das Holz seine Aufmerksamkeit zurück, indem es sich so gut wie möglich seinem Vorhaben fügte.

Sepp schnitzte alle möglichen Dinge, doch seine Geschicklichkeit zeigte sich vor allem bei einem: Er wusste exzellente Rechen zu fertigen. Seine Rechen waren die leichtesten, die widerstandsfähigsten und die schönsten. Hin und wieder lud er enorme Bündel von Rechen auf das Dach des Autobusses, um sie in Alpago zu verkaufen. Er war ein gutmütiger Riese mit dem Herz eines Kindes. Wenige Tage, bevor die Wasser des Staudammes ihn mit sich rissen, hatte er den Angelschein gemacht, um im See Fische fangen zu dürfen. Eines Morgens holte er tatsächlich eine Forelle heraus. Er machte sie vom Haken los, brachte es aber nicht übers Herz, sie zu töten und in den Korb zu legen. Ganz zart und vorsichtig hielt er sie zwischen seinen großen Händen und legte sie mit den Worten ins Wasser zurück: »Verschwinde, du Unglückswurm. Schwimm dahin zurück, wo du hergekommen bist.«

Auch der große Holzbildhauermeister unserer

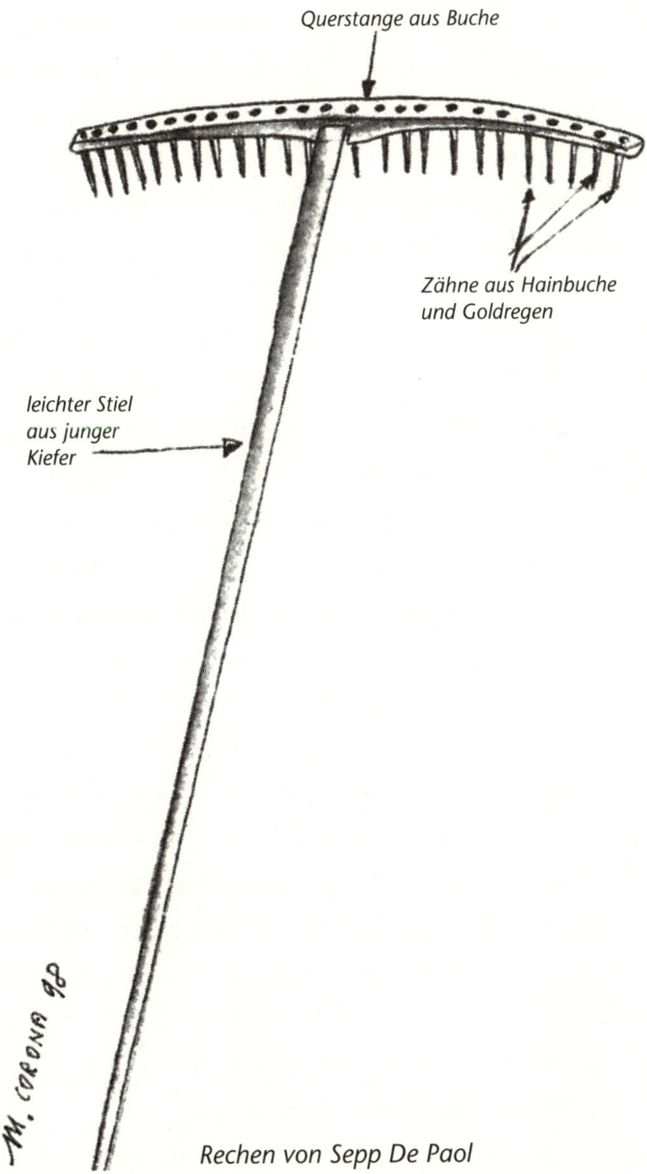


Rechen von Sepp De Paol

Wälder, Augusto Murer, mein unvergessener Lehrer, verfügte über eine eigene, geheime Sprache, wenn er mit dem Holz Kontakt aufnahm. Bevor er an Skulpturen einer gewissen Größe arbeitete, brachte er einen ganzen Tag damit zu, rauchend den vor ihm liegenden Stamm zu studieren. Er ging mehrmals darum herum, betrachtete ihn genau, schnupperte daran und tätschelte ihn.

Die beiden unterhielten sich und gaben sich gegenseitig Ratschläge, um sich das gemeinsame Leben nicht allzu schwer zu machen.

Daher habe ich von Murer nicht nur die Technik gelernt. Er brachte mir auch bei, mich vor der Kraft des Baumes nicht zu fürchten. »Du musst mit ihm sprechen«, sagte er mir immer wieder. »Mach ihn zu deinem Freund. Du kannst nicht einfach so über ihn herfallen. Du musst sein Vertrauen gewinnen, und das dauert manchmal tagelang.« Diese Lehren habe ich später auch beim Klettern in den Bergen angewandt. Während schwieriger Aufstiege habe ich mit den Felsen gesprochen, und sofort lief alles besser. Augusto Murer kannte sich mit Bäumen aus, vielleicht besser als irgendjemand sonst auf der Welt. Er ist viel zu früh von uns gegangen, und mit ihm seine unvergleichliche Schöpferkraft.

Auch heute noch, nach fünfzig Jahren Arbeit als Holzfäller, bittet mein Freund Carle De Furlan, ein Fuchs in allem, was den Wald betrifft, jeden Baum, den er schlägt, um Verzeihung: »Entschuldige, mein Mädchen, aber leider muss ich dich fällen.« Er betrachtet die Bäume als Frauen, denn wie alle Ertaner hält er alles, was groß, mächtig und geheimnisvoll ist, für weiblich.

In der abgeschlossenen, frauenfeindlichen Kultur des Dorfes wird alles Heilige, Erhabene, aber auch Untreue, Verrat und Unbezähmbarkeit unweigerlich zu etwas Weiblichem erklärt.

Ich kann mich noch gut an all die Füchse und Marder erinnern, welche die Jäger an der Nase herumführten. Wenn sie – endlich erlegt – sich als Männchen herausstellten, fluchte mein Vater trotzdem weiter, als handelte es sich um Weibchen, und belegte sie mit endlosen Tiraden.

Mit Carle verbindet mich bis heute eine tiefe Freundschaft. Früher haben wir alles Mögliche zusammen angestellt und im Val da Diach auch als Holzfäller zusammen gearbeitet.

Er ist ein äußerst geschickter Handwerker. Man sagt von ihm, dass er sogar die Flügel einer Fliege aus Holz schnitzen könnte. Trotzdem war sein Leben nicht einfach, und bis zu einem gewissen Alter schien er auch nicht besonders daran zu hängen. Dann kam die Begegnung, die sein Leben veränderte: eine Frau, die Heirat, zwei Kinder. Manchmal sehe ich ihn mit den Kindern, eines sitzt im Tragegestell aus Ahorn, das andere im Kindersportwagen, den er selbst gebaut hat. In seinem Haus ist alles aus Holz, von den Löffeln bis zu den Spielsachen, von der Wiege bis zum Sessel, vom Lampenschirm bis zum Tragekorb und zur Blumenvase. Heute scheint er sehr glücklich zu sein, und ich freue mich für ihn.

Erto lebte vom Wald, aus dem es das Beste herauszuholen wusste. Von den wenigen abgesehen, die eine Kuh ihr Eigen nannten, arbeiteten sämtliche Ertaner als Holzfäller und Waldarbeiter.

Ich hoffe, die Ertaner sind nicht allzu aufgebracht, wenn ich hier eingestehe, dass trotz alledem die besten Holzfäller, die geschicktesten Äxte des Tales, nicht aus Erto, sondern aus Cellino kommen, einem Dörfchen am Ausgang des Val Chialedina.

Die Holzfäller von Cellino erkennt man auch heute noch sofort, weil sie wenig reden. Klein sind sie, massiv, mit breiten Schultern und einem Gesicht, in dem sich eine wilde Entschlossenheit ausdrückt, jeder Anstrengung und jeder Mühe standzuhalten. Einige von ihnen haben die alte Kunst aufgegeben und sind nach Deutschland gegangen, wo sie in Eisdielen arbeiten. Aber im Herbst, wenn sie zurückkommen, sieht man sofort den Wald in ihren Augen.

Damals fällte man Bäume noch mit der Axt, und wenn man vier Festmeter Holz am Tag schlagen wollte, musste man Arme aus Stahl haben und einen wachen Geist. Um einen Baum mit der Axt zu fällen, braucht ein weniger geschickter Mensch mindestens zweihundert Schläge. Hat man dagegen Köpfchen und Begabung, genügen fünfzig. Auch dies ist eine Form von Respekt.

Die Holzfäller wussten um das Leiden und die Schmerzen, welche das Eindringen der Axt im Fleisch des Baumes verursachte. Je weniger Schläge man brauchte, umso kürzer war der Todeskampf.

Wurde die Arbeit in der Gegend rar, dann zogen viele von ihnen nach Österreich oder Frankreich. In Kärnten, wo sie den dortigen Holzfällern beweisen mussten, was sie konnten, waren sie hoch geschätzt.

Mein Großvater war es, der mir die Geschichte von Santo della Val erzählte. Er stammte aus Erto, und als er im Ausland lebte, wagten die dort ansässigen Holzfäller es, seine Fähigkeiten in Frage zu

M. CORONA 98

*Wie man einen Baum mit der Hand »abviert«,*
*das heißt quadratisch zuschneidet*

stellen. Santo schien überhaupt nicht zu reagieren. Doch eines Tages, als alle zusammen in der Baracke beim Essen waren, schliff er seine Axt und verpasste ihr einen neuen Stiel. Dann zog er das Hosenbein bis über das Knie hoch, lächelte ruhig und gelassen, wie es nur starke Menschen können, und ergriff, ohne ein Wort zu sagen, die Axt am letzten Ende des Stiels. Auf diese Weise verringerte sich die Präzision des Schlages um mindestens neunzig Prozent. Eingehend betrachtete er die Schneide der Axt, dann hob er sie auf und führte einen gewaltigen Schlag gegen sein Bein. Die Anwesenden schlossen vor Schreck die Augen, überzeugt, dass sie beim Wiederöffnen das Bein amputiert sehen würden. Doch als sie sie wieder aufmachten, erkannten sie, dass er nur seine Beinhaare abrasiert hatte.

Santo sprach kein Wort, einige wollen sich sogar an ein Lächeln erinnern. Sicher ist nur, dass er von dem Tag an von den Kärntner Holzfällern respektiert und in Ruhe gelassen wurde.

Mein Großvater war ein guter Lehrer. So nahm er mich immer in den Wald mit, um mir zu zeigen, wie er das Holz auswählte, das er brauchte. In diesem dichten Wald voller Gesichter, Gerüche,

Farben und Geräusche, der so sehr einer großen Stadt mit ihren Straßen, Plätzen und Hochhäusern ähnelte, lernte ich den Ahorn kennen, aus dem der Großvater unter anderem die Sohlen unserer Holzpantoffeln machte. Die Holzschuhe trugen häufig Nägel in den Sohlen, damit man damit nicht so rutschte. Wir Kinder hatten allerdings immer auch ein Paar, dessen Sohle mit dem Hobel geglättet wurde, um damit auf den vereisten Ertaner Straßen »Ski« fahren zu können.

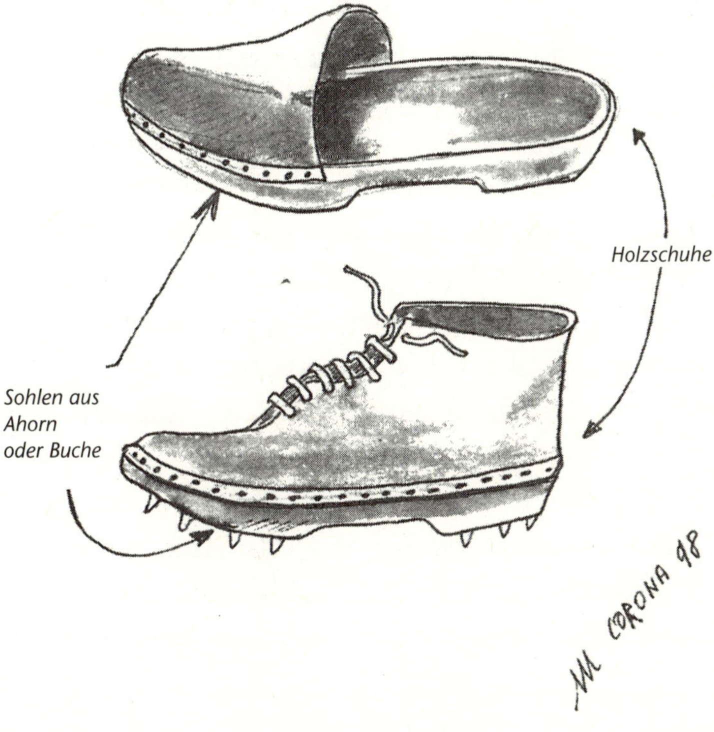

Er brachte mir bei, wie ich den Ahorn an der glatten, hellbraunen Rinde erkennen konnte oder an den dreigezackten Blättern. Der Laubwuchs setzte erst ziemlich weit oben ein. Die ersten vier Meter des Stammes waren gerade und absolut vollkommen.

In aller Ruhe fällte er dann den Baum, als folge er einem uralten Ritus, und nahm das ausgewählte Stück mit nach Hause. Den Rest holte er meist bei anderer Gelegenheit.

Aus diesem Stück machte er mir die Holzschuhe oder, wenn Schnee lag, ein Paar Ski. Die Skier, die mein Großvater machte, waren urtümliche Geräte, die er aus einem einzigen Stück Holz schnitt, das mindestens einen Meter lang war. In der Breite maßen sie etwa zwölf Zentimeter. Die Spitze bog er mit Hilfe der Glut des Kohlenfeuers zurecht. Zum Festmachen der Holzschuhe benutzte er Lederriemen oder Bänder aus Sackleinen. Mit diesen Skiern stürzten wir kopfüber und immer geradeaus die überaus steilen Hänge hinunter und hatten einen Heidenspaß dabei. Meine ersten richtigen Skier mit Skischuhen und einem prächtigen, funkelnagelneuen Rucksack bekam ich im Winter 1964 geschenkt. Der großzügige Spender war Redento Toffoli, ein Bergsteiger aus Pordenone, der einen Laden für Sportartikel besaß. Als er eines Tages mit einem riesigen Paket ankam und es öffnete, traute ich meinen Augen kaum. Was ich mir in meinen kühnsten Träumen nie auszumalen gewagt hatte, lag plötzlich vor mir auf dem Tisch und sollte unglaublicherweise auch noch mir gehören. Diese Skier bewahre ich wie eine Reliquie immer noch auf. Das Gleiche gilt für den Rucksack der Marke Millet, Modell Bonatti. Und genauso teuer ist mir die Erinnerung an den, der mir zum ersten Mal und für lange Zeit das Herz mit solcher Freude gefüllt hat. Redento Toffoli, der mir dieses fantastische Geschenk machte, hatte die großzügige Natur der Zirbelkiefer.

»Du darfst ihn nur in dieser Richtung schlagen«, erläuterte mein Großvater, wenn er vom Ahorn sprach, »denn er ist schön und elegant, aber nur außen.« Wie bei allen Dingen, die nach außen so viel Eindruck machen und dabei doch zutiefst verletzlich sind, genügt ein einziger, nicht einmal besonders starker Schlag mit der Axt, um ihn zu spalten.

Der Ahorn wirkt auf den ersten Blick stark und selbstsicher, dabei hat er einen schwachen Charak-

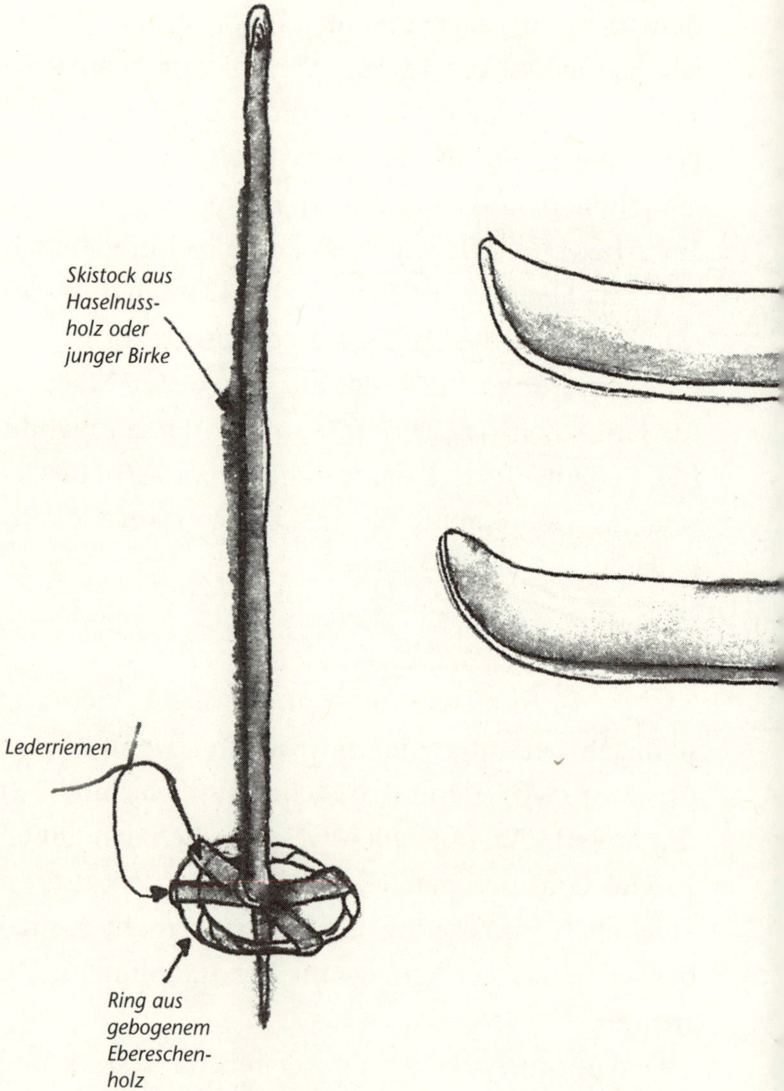
Skistock aus Haselnussholz oder junger Birke
Lederriemen
Ring aus gebogenem Ebereschenholz

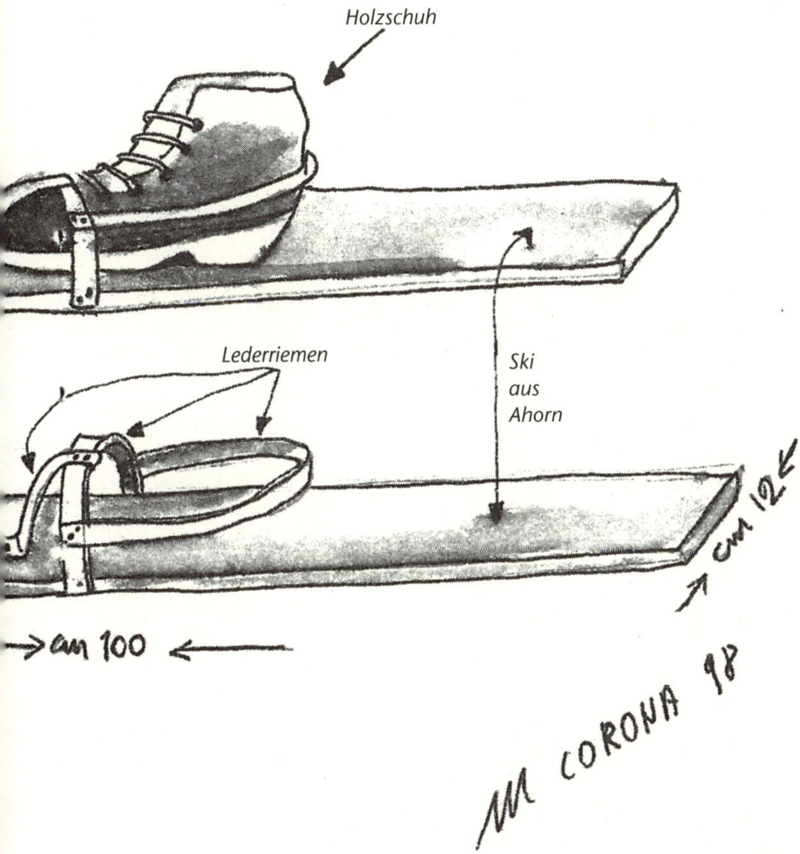


*Die ersten Skier*

ter, der schnell aufgibt und sich leicht bändigen lässt. Er ist wie jene Menschen, die bei Tageslicht eine Sicherheit und Kraft ausstrahlen, die sie in Wirklichkeit nicht besitzen. Und sobald die Abenddämmerung hereinbricht, überfällt sie die Angst vor der nahenden Dunkelheit.

Er braucht Licht, der Ahorn, denn Mühe, Leid, Dunkelheit oder Krankheiten, und seien sie noch so geringfügig, rücken ihm gleich zu Leibe.

In der schönen Jahreszeit gingen wir täglich in den Wald, doch auch Kälte und Nässe schreckten uns nicht. Und so zeigte mir der Alte den Wald und mit ihm den Goldregen.

Aus ihm macht man Zapfhähne für die Weinfässer und die Pfähle im Weinberg. Zusammen mit der Eiche hat er sich daher im Verlauf der Jahrhunderte zu einem Freund des Weins entwickelt. Anders als der Mensch aber lässt der Goldregen sich vom Alkohol nicht zerstören.

Nicht alle Menschen im Tal sind so hart im Nehmen wie der Goldregen. Und einige unselige Weine, die es nur bei uns in Erto gibt, haben mehr Menschen getötet als das Staudammunglück von 1963.

Der Stamm des Goldregens ist weder besonders gerade noch besonders dick, aber er beugt sich eben unter den Entbehrungen und lebt von dem wenigen, was er hat.

Aus ihm schnitzte der Alte die Kummets für Ziegen und Kühe, also die Holz-»Kragen«, welche die Tiere um den Hals tragen. Heute bestehen sie meist aus Leder.

Die Handwerker verzierten und dekorierten sie fein. Dann kam eine Glocke daran, man legte sie den Tieren um und machte sie mit einem ausgeklügelten Steckverschluss zu. Sie mussten absolut unzerbrechlich sein, daher konnte man dafür kein Ahornholz nehmen, da dieses beim geringsten Stoß zersplittert. Der Verlust der Glocke aber war gleich bedeutend mit dem Verlust des Tieres selbst.

Die Erfahrung lehrte mich, dass ich Dinge, die ich für »feinere« Zwecke brauchte, nicht aus Goldregen machen konnte. Dieser eignet sich für alles, was widerstandsfähig sein soll wie zum Beispiel die Zähne von Rechen. Diese mussten eine Ewigkeit halten, da sie auf den Wiesen das wenige Heu einbrachten, das der Berg so hergibt. Heu aus borstigem Gras, das so reich an lebensnotwendigen Stoffen war, dass – wie mein Großvater sagte – schon eine Hand voll genügte, um eine Kuh damit satt zu bekommen.

Der Vorzug des Goldregens liegt in seiner konkreten Festigkeit. Er ist wie ein Freund, der sich immer im Hintergrund hält, aber sofort zu Hilfe eilt, wenn man ihn braucht. Auf ihn ist Verlass, immer und überall. Er ist zu Opfern bereit, ein besonderes Holz auch zum Feuermachen. Er bringt kräftige Flammen von leuchtendem Weiß hervor, die das Herz noch vor dem Körper wärmen.

Er ist großzügig, und wenn man auf den Hängen ausrutscht, lässt er dich nicht etwa fallen wie die trügerische Latschenkiefer, sondern gibt deinen strauchelnden Füßen Halt und verleiht dir neuen Mut. Er braucht keine Gefühlsbezeugungen und will sie auch gar nicht. Er ist unabhängig und nimmt das Leben mit Zurückhaltung und einem Hauch Sprödigkeit. Der Liebe ist er nicht abgeneigt, obwohl er nicht eben danach sucht.

Eine Birke hatte sich in einen Goldregen verliebt und wartete darauf, dass der Wind ihre Zweige erfasste und in seine Richtung schob, damit sie ihn endlich einmal küssen konnte. Doch wie stark der Wind auch wehte, es fehlten immer einige wenige Zentimeter, sodass es nie zu dem verzweifelt ersehnten Kuss kam. Während sie so auf das Unmögliche wartete, sprach die Birke zum Goldregen und erzählte ihm, dass sie keine Hoffnung habe. Doch

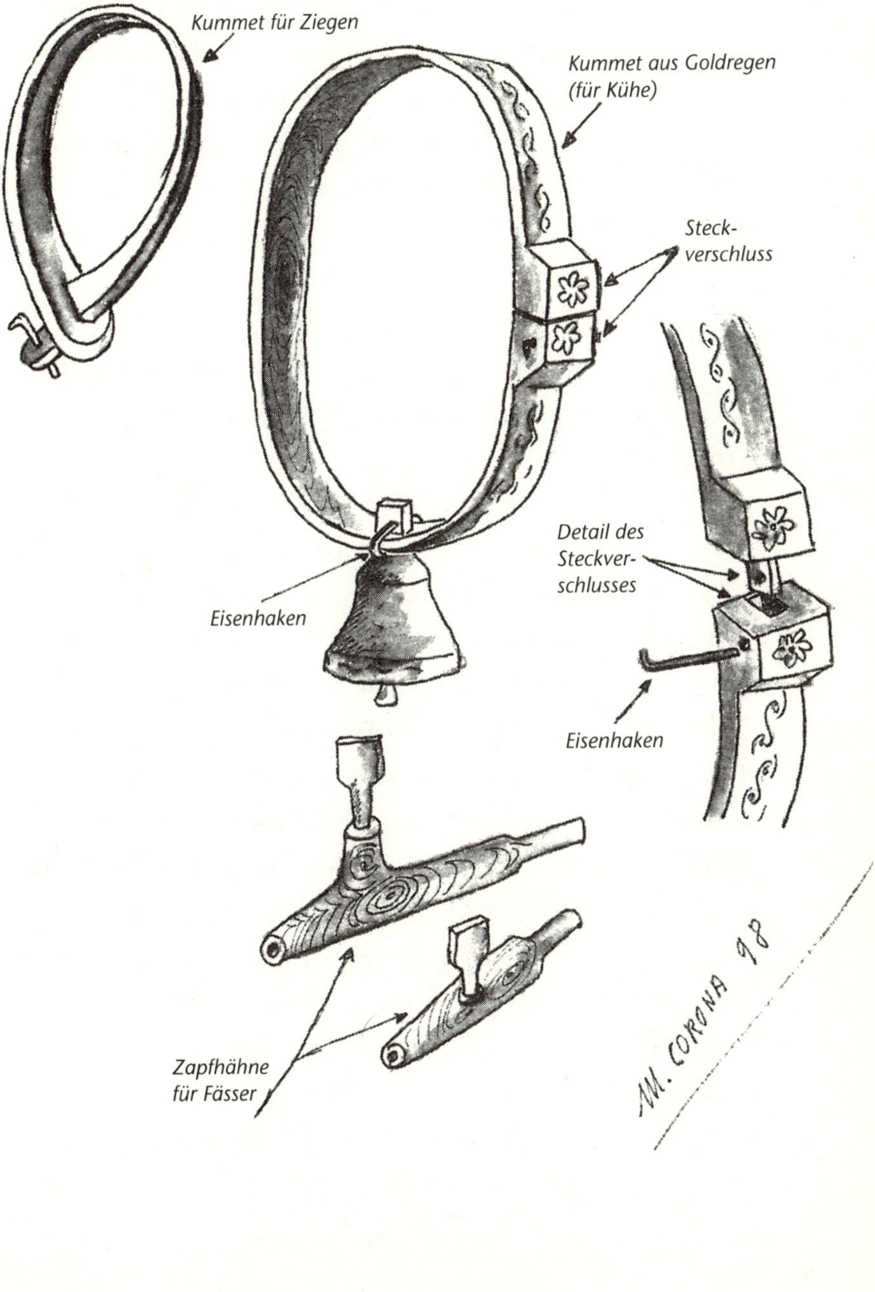
Kummet für Ziegen
Kummet aus Goldregen
(für Kühe)
Steck-
verschluss
Detail des
Steckver-
schlusses
Eisenhaken
Eisenhaken
Zapfhähne
für Fässer
M. CORONA 98

schließlich brachte das Unglück am Vajont sie zusammen. Die hohe Welle, die sich über die Mauer des Staudammes ergoss, riss die beiden mit, sodass sie sich einen kurzen Augenblick lang berühren konnten. So erfuhr sogar der Goldregen in den letzten Momenten seines Lebens noch ein wenig Liebe, während rund umher andere Bäume untergingen zusammen mit den Menschen, der Lebensfreude und allem, was den Bewohnern des Tales noch vor kurzem Hoffnung auf ein besseres Leben gegeben hatte.

Ich gebe zu, dass ich den Goldregen mag. Ich schätze ihn unter anderem, weil er zu altern weiß, ohne dem pathetischen Bedürfnis nach Schönheitsmittelchen nachzugeben. Es ist dumm, das Verfließen der Jahre verstecken zu wollen. Der Goldregen ändert im Laufe der Zeit die Farbe seines Holzes. Es wird dunkler und verliert sein Farbspiel, aber das scheint ihn nicht zu bekümmern.

Kurz nach dem Schlagen ist sein Holz innen hellgrün mit einer bezaubernden gelben Maserung. Wenn man ihn dann poliert, zeigt er sein wahres Gesicht: ein kräftiges, golden geflämmtes Grün. Nach zwei oder drei Jahren dagegen macht das Alter ihn dunkel, fast schwarz.

Und am Ende seines Lebens verschwindet der

*Goldregen mit Waldgeistern und müdem Holzfäller*

Goldregen ohne zu jammern im Dunkel der Erde, in würdevoller Stille wie der Olivenbaum.

Mir scheint, es macht ihm Spaß, wenn man aus ihm schöne Dinge herstellt. Wie alles wirklich Wertvolle kommt er in der Natur eher selten vor. Auf etwa hundert Buchen findet man einen Goldregen.

Ich würde ihm nur zu gerne ähneln. Ein wenig verwandt fühle ich mich ihm ja. Aber in Wirklichkeit bin ich eine Hainbuche.

Während man im Wald nach dem Goldregen sucht, trifft man auf ganze Heerscharen von Buchen. Sie stehen für die große Mehrheit der Menschenfamilie.

In meinem Dorf gibt es einen Ort, an dem man die klagenden Stimmen zweier Buchen hören kann. Den Grund ihres Wehklagens habe ich nie erfahren (sie wollten ihn nicht preisgeben), aber ich sehe, wie sie sich mit gesenkten Häuptern fest umarmen und stützen, als wollten sie sich in ihrem herzzerreißenden Schmerz gegenseitig trösten. Man begegnet ihnen, wenn man von Casso aus, dem kleinen Dorf genau oberhalb des Vajont-Staudamms, über den *Sentiero dei Carbonai* (Köhlerweg) Richtung Longarone geht. Nach etwa zehn Minuten gelangt man an das Ende der Steinmauer, an

*Die klagenden Buchen vom Sentiero dei Carbonai*

der die Bronzetafel zum Gedenken an die Frauen angebracht ist, welche regelmäßig über diesen steilen Weg Kohle nach Erto getragen hatten. Gleich rechts vom Weg stehen die beiden klagenden Buchen. Wenn Sie nun noch warten, bis ein leichter Wind aufkommt und ihre Zweige bewegt, dann hören Sie diesen eindringlichen und doch zarten Ton, geheimnisvoll wie ein Weinen aus weiter Ferne. Ein schwaches Flüstern voller Trauer und Melancholie. Er scheint von den äußersten Grenzen der Welt zu kommen, und die Süße der Melodie lässt wie gebannt aufhorchen. Wenn an den Herbstabenden die Einsamkeit immer drückender wird und der Schatten des Winters näher kommt, verbringe ich Stunden an diesem Ort, ruhig am Straßenrand sitzend und dem unbeschreiblichen Wehklagen der weinenden Buchen lauschend.

Die Buche steht für die Masse, die Menge. Ihr Tag ist der Tag der Arbeit. Keine Fabrik funktioniert ohne die Buchen, die fleißig ihre Bolzen ins Werkstück drehen und als gelernte Arbeiter gute Dienste tun. Ohne sie liefe kein einziges Fließband. Kein Unternehmen der Welt kann es sich leisten, nur auf den elitären Goldregen oder die elegante Birke zu setzen. Auch der harte, aber zerbrechliche Ahorn genügt nicht. Denn schließlich ist es die

*Eine schöne Gruppe von Buchen, den Arbeitern des Waldes*

Masse der Buchen, die jeden Morgen ihre Karte abstempelt und das Ganze am Laufen hält.

Die Buche ist nicht gerade ein begeisterter Leser. Theater und Programmkinos lassen sie kalt. Für den Fußball hingegen, für die Mannschaft ihres Herzens würde sie alles tun. Am Montag in der Fabrik ist sie glücklich, wenn ihre Mannschaft am Wochenende gewonnen hat. Das Wirtshaus, die Karten und vielleicht noch das Fernsehen – das ist ihre Welt.

Ich habe vor den Buchen den allergrößten Respekt. Sie sind einfache Arbeiter, aber sie versorgen ihre Familie, zahlen die Miete, schicken die Kinder auf anständige Schulen. In den Städten des Waldes sind sie die Handlanger, die den Mörtel anrühren, die Steine schleppen und so die Häuser bauen. Ohne sie würden die Designer, Ingenieure und Techniker, also die Esche, die Eibe und der Goldregen, hungers sterben. Letztere stammen fast immer aus besserem Hause und hatten daher nie Gelegenheit, bestimmte Fertigkeiten in der Arbeit mit den eigenen Händen zu erwerben. Doch diese praktischen Fähigkeiten sind es letztlich, die unser Überleben sicherstellen. Leider kommen sie immer mehr abhanden. Heute finden sie sich auch kaum noch in weniger gut verdienenden Familien. Doch früher

*Buchen am Steilhang*

oder später werden wir diese Handfertigkeiten wieder brauchen, und die Menschen, die zu jenem Zeitpunkt die Erde bevölkern werden, müssen sie wohl oder übel mühselig wiedererlernen.

Viele Buchen sind ziemlich empfindlich und versuchen, dem Durchschnittsschicksal der Menschen auf jede nur erdenkliche Weise zu entgehen. Sie träumen mit offenen Augen und würden zu gerne zur eleganten Skulptur werden. Wenn sie dann wittern, dass du vorhast, sie zu Koch- und Esslöffeln zu verarbeiten, verschließen sie sich völlig, und man kann nichts mehr mit ihnen anfangen.

Daher muss man sie gleich verarbeiten, solange sie noch nicht Lunte gerochen haben. Am besten ist es, man überrascht sie und lässt ihnen gar nicht erst die Zeit, über ihr Schicksal nachzudenken.

Während die Buche nur darauf wartet, gefällt und gebraucht zu werden, damit sie nicht der Anonymität der Flammen anheim fällt, verlangt die Eibe nach nichts. Sie ist sozusagen der Ferrari unter den Hölzern.

Viele Menschen hätten gerne einen Ferrari, aber nur wenige können sich dieses Nobelgefährt leisten. Dasselbe gilt für die Eibe: Ihr ist der Spitzenplatz in jeder Art von Rennen sicher, daher hat sie es nicht nötig, um Aufmerksamkeit zu buhlen.

Die Eibe ist ein wundervoller Baum, auch wenn sie aus Kristall zu sein scheint. Hobeln oder drechseln lässt sie sich nicht, und Leiden oder Mühen kennt sie nicht. Darum wird sie von ihren Genossen beneidet. Wenn man dem Holunder eine Waffe in die Hand drücken würde, würde er damit als Erstes wohl die Eibe erschlagen. Alle Bäume des Waldes beneiden die Eibe.

Ich habe mich schon des Öfteren gefragt, weshalb kein Baum und kein Mensch dem anderen gleicht. Die Zeit gab mir darauf eine Antwort. Sie sagte mir, dass all das vom Spiel des Lebens abhängt, in dem du nur dann gewinnst, wenn du deine eigene, einmalige Natur verstehst und akzeptieren kannst.

Eine Buche, die sich für eine Kiefer ausgibt, oder eine Eiche, die versucht, eine Birke zu sein, wäre ständig frustriert und eine lächerliche Erscheinung. Ein typischer Verlierer, der sich früher oder später auf der Couch des Seelenklempners wieder fände. Wenn wir versuchen, unsere Identität zu ändern, uns nach Moden zu richten, verlieren wir unseren Lebenssinn.

Aber auch die Eibe, dieses kostbare, wunderschöne Holz mit seinen prächtigen Farben und seiner kompakten Kraft, hat eine Schwäche.

Es ist hart wie Glas, aber leider sehr spröde. Seine herausragende Position als Rennpferd unter den Hölzern hat es anfällig gemacht für die Schläge des Lebens. Vollblüter sind immer verwundbarer als die robusten Arbeitspferde des Alltags. Eine Eibe würde die Steinschläge, die der Berg den Hainbuchen zumutet, niemals überleben; sie würde daran zerbrechen.

Windbruch erleidet sie trotzdem selten, weil sie nur wenige, hoch angesetzte Zweige hat. Auch in dieser Hinsicht hat die Natur sie bevorzugt. Sie kann sich wirklich glücklich schätzen: schön, reich, stattlich und begehrt. Und doch war sie es nicht selbst, die sich diese Position erkämpft hat. Die Natur hat sie so reich beschenkt. Wie alle Adligen hat sie blaues Blut und kleidet sich mit ausgesuchter Eleganz. Ihr rötlich-violettes Holz mit faszinierender Maserung legt davon ein beredtes Zeugnis ab.

Die Eibe ist die Gräfin des Waldes und macht sich nicht mit gewöhnlichem Volk gemein. Ihr fantastisches Holz ist voller Kultur, und es weiß um seine Güte. Wenn ein anderer Baum sie besuchen möchte, muss er vorher um Audienz bitten. Sie wird

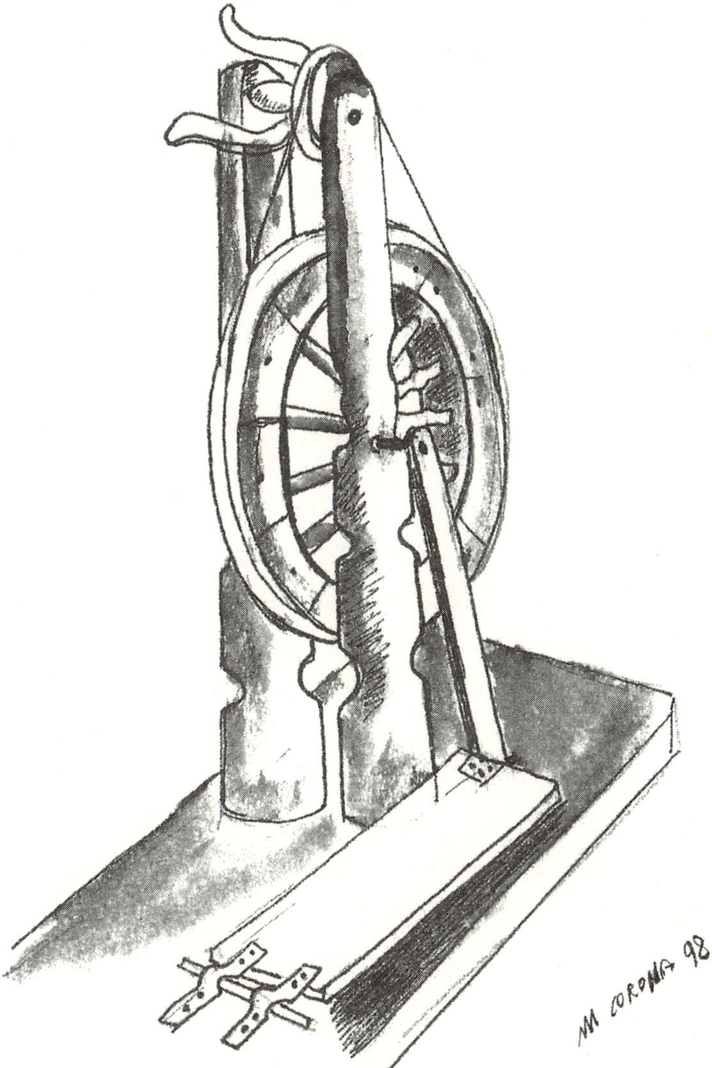


*Spinnrad aus Eibe*

nämlich von ihren Wurzeln beschützt, die sich um sie herum ausbreiten wie ein Heiligenschein, wie ein kleiner Garten, der nur für sie persönlich da ist.

Einzig der Tod, der große Herr der Welt, macht alle Hölzer gleich und mischt im Herbstschlag Eiben, Pappeln, Buchen, Ahorne, Hainbuchen und Birken. Dann landet auch die Eibe zusammen mit den anderen Hölzern auf einem Stapel und ist gezwungen, die entwürdigende Gemeinschaft mit ihren Nächsten zu ertragen. Doch sie tröstet sich damit, dass der Holzfäller sie bald vom Pöbel trennt, weil er ihr kostbares Wesen zu schätzen weiß.

Die Eibe erinnert mich an einen Freund, der mit mir zusammen in L'Aquila bei den Alpenjägern seine militärische Grundausbildung begann. Er war Sohn eines Akademikers, und im Jahr 1970 hätten wir beide zusammen unseren Wehrdienst leisten sollen. Aber er war eben eine Eibe, und so holte man ihn schon bald wieder heraus aus der gesichtslosen Menge und schickte ihn zurück zur Familie. Sein Vater hatte ja nur gewollt, dass der Sohn und Erbe das harte Leben beim Militär ein paar Tage lang zu kosten bekam, denn zu Hause hatte er »Zicken« gemacht.

Doch darf man nicht außer Acht lassen, dass gerade die Kultur und das edle Blut, welche die Eibe von ihren Vorfahren geerbt hat, sie zu deiner Freundin machen, wenn du an ihr arbeiten willst. Sie kommt dir entgegen und beweist Vernunft. Wenn du sie mit der formellen Höflichkeit behandelst, die sie von dir erwartet, schenkt sie dir alles, wozu sie fähig ist. Wichtig ist nur, dass man den gebührenden Abstand wahrt.

Da ist der Haselstrauch ganz anders, der schon auf den ersten Blick wie einer dieser Schlingel aussieht, die sich immer vor der Arbeit drücken: biegsam, lang, gerade und mit schönem Astwerk. Er macht den Eindruck eines Menschen, der sein Leben auf die Bank bringt, in der Hoffnung, es dort beschützt zu sehen und optimal nutzen zu können. Um Anstrengungen zu vermeiden, würde er alles tun. Bloß keine Risiken eingehen! So träumt der Haselstrauch nicht einmal davon, etwas Eigenes zu wagen.

Mühen scheut er so sehr, dass er sich sogar weigert, groß und stark zu werden. Trotzdem ist er nicht dumm. Er sucht sich immer sein Plätzchen auf der Sonnenseite, wo er nicht zu kurz kommt, wie mein Großvater zu sagen pflegte. Die Nordseite mit ihren wenigen Sonnenstrahlen sieht ihn nur selten. Manchmal versteckt er sich auch, sodass man buchstäblich dagegenrennen muss, wenn man ihn finden will.

Wie alle Gauner und Faulpelze sucht er die Macht der Gruppe, daher wächst er zusammen mit anderen Haselsträuchern sozusagen in Cliquen, von denen es bei uns viele gibt.

Sie siedeln sich meist am Waldrand an, um dem Wanderer den Weg zu verstellen und ihn aufzuhalten. Sie sehen ein bisschen aus wie die Banden von Jugendlichen, die ihr Viertel terrorisieren. Alles, was sie zu Wege bringen, ist, alte Leute einzuschüchtern und Obdachlose zu verprügeln. Schon der Klang der Motorsäge genügt, um sie vor Angst bleich werden und erzittern zu lassen. So ist der Haselstrauch das genaue Gegenteil der Hainbuche, deren Kraft und Charakter ich schätzen lernte, als ich mit meinem Großvater unterwegs war.

Mein Großvater kaufte die Stahlmesser für den Hobel, ein sehr wichtiges Instrument für den Handwerker, immer bei Checco Franz in Longarone.

Checco Franz war unser »Eisenwarenhändler«. Er lieferte uns alles, was wir an Werkzeug brauchten.

Die Ertaner gingen zu ihm, weil Maniaga, die Stadt der Messer, viel zu weit weg und schlecht zu erreichen war. Außerdem kannte dieser gütige Mensch alle Dorfbewohner von Angesicht zu Angesicht. Er wusste um ihre sprichwörtliche Ehrlichkeit und gab ihnen, was sie brauchten, auch, wenn sie einmal nicht gleich bezahlen konnten. Er war sicher, dass er sein Geld früher oder später bekommen würde.

Der Hobel ist ein Werkzeug zum Glätten. Da sich beim Hobeln Holz an Holz reibt, muss die Sohle des Hobels aus härterem Holz sein als das Werkstück, denn schließlich soll das Brett bearbeitet werden und nicht der Hobel. Hier braucht es also einen richtig harten Burschen. Und der härteste von allen ist die Hainbuche. Nur aus ihr kann man den Körper eines Hobels schneiden.

Wie bei den Menschen gibt es auch im Wald Diskriminierung. Zur Familie der Hainbuchen gehören nämlich weiße und schwarze Exemplare. Mein Großvater hielt immer nach den schwarzen Ausschau, weil sie härter und kompakter waren. Aber wenn es schon um Härte geht, gibt es ja immer einen, der noch härter ist. Wenn du endlich glaubst, den härtesten Baum von allen gefunden zu haben, entdeckst du, dass ein Stückchen weiter einer steht, der noch härter ist, nur um dann seinerseits wieder von einem anderen übertroffen zu werden. Die schwarze Hainbuche zum Beispiel zieht den Kürzeren gegen die Gleditschie, die man nicht einmal anritzen kann. Und trotzdem kann man sie nicht zum Körper des Hobels machen, weil sie sich mit der Zeit verzieht.

Die schwarze Hainbuche wächst vor allem auf magerem Boden, also auf den Steilhängen des Val Da Dìach oder auf den Gipfeln des Cerentòn.

Die Hainbuche liebt steiniges Gelände, wo das Leben von Mühsal und Entbehrung geprägt ist. Und sie wächst auf, indem sie das Wenige nutzt, was die Natur ihr dort zur Verfügung stellt. Sie ernährt sich von den kostbaren Mineralstoffen, die ihre Wurzeln der Mutter Erde entlocken. Mit der Zeit wird die Hainbuche dadurch hart wie Marmor.

Sie wächst nicht so schnell wie die Weißtanne, deren gierige und gefräßige Wurzeln alles zusammenrauben, was sie im Erdreich finden können, weil sie die absolute Herrin des Waldes zu ernähren haben. Die Hainbuche wird nur langsam und mühselig größer. Jeden Zentimeter, den sie zulegt, hat sie sich schwer erkämpft.

Sie ist dickköpfig, unruhig und wächst schief und krumm. Der knotige, gedrungene Wuchs zeugt von

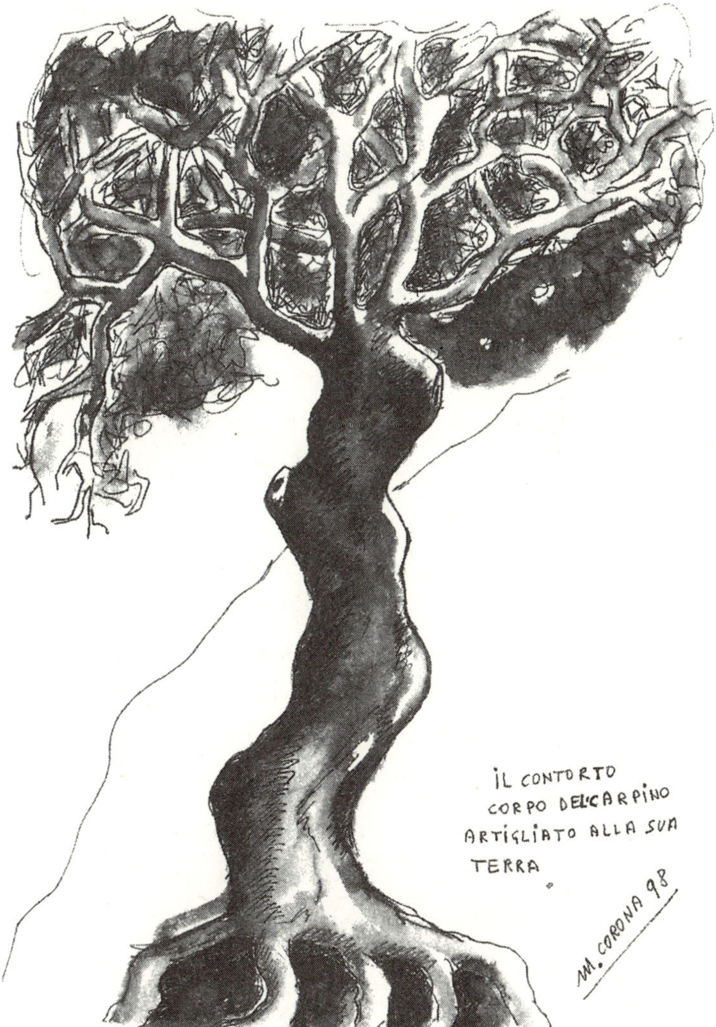


*Der gewundene Stamm der Hainbuche, der sich mit den Wurzeln in die Erde krallt*

einem tief sitzenden, alten Schmerz. Wenn man tatsächlich einmal eine gerade gewachsene Hainbuche sieht, sollte man sich immer vor Augen halten, dass sie eigentlich ganz aus der Art schlägt.

Eine »normale« Hainbuche wächst einmal hierhin, einmal dorthin, windet sich in schrecklichen Drehungen nach rechts, nur um sich dann zu verknoten und wieder nach links zu krümmen. Zu all dem kommt noch, dass sie an Steilhängen häufig Opfer von Steinschlägen wird. Zu den Knoten kommen also noch die zahlreichen Wunden, welche die Rinde wieder überwuchert.

Von ihrer gequälten Form her ähnelt die Hainbuche dem Olivenbaum, aber während dieser sein Leiden deutlich erkennen lässt, schließt die Hainbuche ihren Schmerz in die innersten Fasern ihres Seins ein.

Sie ist eine Einzelgängerin, deren Blick sich gerne am Horizont verliert. Sie bittet um nichts, weil sie nichts braucht. Selbst die Liebe ist für sie eine schwierige Aufgabe.

Ich kenne eine Geschichte, in der ein Hainbuchenmann sich in eine Birke verliebte und sie heiratete. Aber sobald sie Gardinen vor die Fenster hängen wollte und die Spinnen rief, ihr solche zu weben, verließ er sie. Er wollte die Sterne funkeln sehen, den Mond, und Stoff und Spitzen hätten sie vor seinem Blick verborgen.

Wenn die Hainbuche gefällt war, nahm mein Großvater davon nur den untersten Teil von etwa einem Meter Länge, denn dies ist immer das härteste Stück des Baumes. Den Rest machte er zu Brennholz. Wenn man Hainbuchenholz verbrennt, gibt es fast keine Asche. Wie ein scheuer, ungeselliger Mensch will sie im Nichts verschwinden, ohne auch nur die geringste Spur zu hinterlassen.

Wenn die Hainbuche der dickköpfigste Zeitgenosse unter den Bäumen ist, so ist der unglücklichste die Pappel.

Sie ist sozusagen eine der Urmütter jener Heerschar von Unglücklichen, welche die Erde bevölkern, ohne einen besonderen Wert oder auch nur ein erträgliches Leben zu haben.

Tatsächlich hat das Holz der Pappel kaum nutzbringende Eigenschaften. Man kann damit noch nicht einmal Feuer machen. Es brennt sogar im völlig trockenen Zustand nur sehr schlecht. Daher fühlt die Pappel sich überflüssig. Auch zum Schnitzen ist sie kaum zu gebrauchen. Sie ist zwar weich, doch ihre Fasern haben eine Art von »Bart«, an dem der Beitel und das Messer hängen bleiben, sodass sich das Werkstück nur schlecht bearbeiten und glätten lässt.

Da die Pappel ihre Fehler kennt, hat sie die Lust am Leben fast gänzlich verloren. Sie hält sich nur mit Mühe aufrecht und wartet täglich darauf, dass der Schnitter sie holt. Auch die Blätter wissen um ihr Unglück und fügen sich schon am Zweig in den Tod. Sobald die ersten Herbstnebel aufsteigen, stirbt ihr Gewebe Stück für Stück ab und wird löchrig. Dann kann der Wind sie nicht mehr anheben und auf eine letzte Reise durch die Täler tragen. So sterben die Töchter der Pappel zu Füßen der Mutter und treten ins Nichts ein, ohne je etwas von der Welt gesehen zu haben. Sie fallen ohne den geringsten Laut, ohne Klagen. Ihr kurzer Flug lässt keinerlei Bedauern spüren. Sie decken sich mit stillen Tränen zu und werden schnell zu gutem, erdigem Humus.

Sobald die Pappel geboren ist, ist sie auch schon zur Nutzlosigkeit verurteilt, und da sie außer ihrem eigenen Schatten nichts anzubieten hat, will niemand sie haben. Nur die Schlinggewächse widmen ihr ein wenig Aufmerksamkeit. Sie sind die Fürsorgeschwestern des Waldes. In christlicher Nächstenliebe besuchen sie alle unglücklichen Bäume.

Nachts legen sie ihre Arme um die Pappel, streicheln sie zärtlich, trösten sie und stehen ihr bei. Am Morgen senden sie aus ihren schwächlichen Zweigen ein Gebet zum Himmel. Manchmal aber verliert die verzweifelte Pappel die Geduld. Dann wird sie böse und schüttelt die Ranken einfach ab.

Ist es nicht häufig so? Den Menschen, die uns in ihrer Güte beistehen und helfen wollen, antworten wir mit Beleidigungen.

Im Sommer hat selbst die Pappel eine Gabe anzubieten: Allen – ob grob oder edelmütig, böse oder gütig, gebildet oder unwissend – schenkt sie die erfrischende Zärtlichkeit ihres sanften Schattens.

Aber die wahre Erlösung bringt ihr erst der Tod. Erst im Sterben zeigt sich die ganze Wahrheit des Evangeliums, welche besagt, dass die Letzten die Ersten sein werden.

Von Mühlen zerquetscht und von Pressen zermalmt, wird die Pappel zu Papier und schenkt dem Wort eine Bleibe, den literarischen Meisterwerken der Menschheit. Auf ihren Fasern wird das biblische Hohelied gedruckt. Blätter aus ihrem Körper tragen die Zeichnungen großer Meister. Seiten aus ihrem Blut bezeugen unser jahrtausendealtes kulturelles Wachstum.

Doch im Wald finden sich außer Edelmut, Neid, Armut und Ernsthaftigkeit auch noch andere Charakterzüge. Unter den Bäumen gibt es auch Bosheit. Die Bösartigkeit des Hochmuts, des Verrats, des Hasses. Die Bösartigkeit des Schweigens (die verheerendste von allen) und viele andere – ebenso wie bei den Menschen.

Die Latschenkiefer ist ein glänzendes Beispiel für Bosheit. Sie ist von Natur aus hinterlistig, wächst falsch und ehrlos auf und macht anderen das Leben schwer. Anders als die Stechpalme, die ihre dunkle Seite für sich behält wie ein alter, einsamer Wolf, verteilt die Latschenkiefer ihre Bosheit bereitwillig an ihre Mitwesen.

Wie alle Feiglinge tritt sie am liebsten in Gruppen auf. Genau wie der Haselnussstrauch und der Holunder zieht sie ihre Kraft aus der Menge. Versuchen Sie mal, sich durch eine Gruppe von ihnen hindurchzukämpfen. Sie wird Ihnen ununterbrochen Peitschenhiebe auf die Waden versetzen, und nach einer Stunde sind Sie immer noch nicht viel weiter gekommen. Sie lebt hoch oben in den Bergen. Man sieht von ihr nur einen grünen Schopf, denn sie versteckt ihren Stamm bis zu fünfzehn Meter tief in der Erde. Herz und Körper hält sie verborgen, um sie niemandem schenken zu müssen.

Sie erinnert an den höchst vorsichtigen Milliardär, der so tut, als sei er ein armer Schlucker, weil er Angst hat, dass ein Freund in der Not ihn um ein paar Münzen bitten könnte.

Wenn du dich an ihr fest hältst, wirkt sie mächtig und zuverlässig. Manchmal hält sie ja auch. Bist du ihr aber unsympathisch und hältst dich auf einem Steilhang an ihr fest, um dich an ihren Zweigen hochzuziehen, zack, schon lässt sie dich mit einem lauten Krachen fallen.

Sie ist wirklich ein Biest, die Latschenkiefer. Ihre Kinder sind Trinker, die schon im zartesten Alter dem Grappa verfallen. Wir sammeln heute noch im Mai die Triebe der Latschenkiefer, um sie in Grappa einzulegen. Aber wir legen auch sonst viele Früchte in Grappa ein: Hauptsache, es wird ein guter Schnaps daraus, wie meine Großmutter zu sagen pflegte.

Die Stechpalme hingegen ist von Natur aus hochmütig und, anders als die Latschenkiefer, lässt sie das auch spüren. Sie will weder altern noch Nähe erfahren, sondern einfach nur bewundert werden.

Mitten im Winter, wenn die Wälder schlafen und

LA MUGA E IL SUO
CORPO NASCOSTO
M CORONA 98

*Der im Erdreich verborgene Körper der Latschenkiefer*

die vom Frost harte Erde unter den Stiefeln knirscht, wenn der Januarmond einen grauen Himmel erhellt, der von der endlosen Ferne der Sterne kündet, und der Schnee das tote Laub wie ein Schweißtuch bedeckt, mitten in dieser weißen Stille fällt plötzlich die Stechpalme ins Auge, anmaßend und überheblich, so als würde sie mit ihrem leuchtend grünen Laub, das da und dort von blutroten Beeren blitzt, aus vollem Halse lachen.

Ihr Hochmut ist grenzenlos und wird nur noch von ihrer Selbstverliebtheit übertroffen.

Die Stechpalme weiß, dass sie ihre Schönheit den glänzenden Blättern verdankt, die sie ganz bedecken. Daher erlaubt sie ihnen nicht, sich von ihr zu lösen. Sie dürfen nicht fort, können keine Freunde finden oder mit dem Wind reisen. Sie müssen an ihren Zweigen kleben bleiben und dieser selbstsüchtigen, anmaßenden Herrin dienen.

Mit der Zeit werden sie verdrießlich wie alte Jungfern. Ihr einst so glatter, regelmäßiger Rand wird runzlig und bedeckt sich mit Stacheln. Und so geht die ursprüngliche Boshaftigkeit des Baumes letztlich auch auf die Kinder über.

Man kann nicht ohne Kontakt zu den anderen leben, in sich selbst verschlossen wie in einem unzugänglichen, vermeintlich schützenden Elfen-

*Die ebenso schöne wie gemeine Stechpalme*

beinturm. Die Stechpalme ist wie jene Eltern, die der Familie eine erzwungene, unnatürliche Geschlossenheit auferlegen und die Kinder fest im eigenen Haus halten. Aus so einem Elternhaus gehen nur egoistische, schweigsame und böse Menschen hervor, wenn sie es denn überhaupt schaffen, dieses zu verlassen. Es sind Menschen, die nicht geben können, weil sie nicht gelernt haben, ihr Leben mit jemandem zu teilen.

Im August 1998 habe ich eines dieser vertrockneten Blätter kennen gelernt. Es war – ich spreche von ihr in der Vergangenheit, denn auch wenn sie noch lebt, so ist sie innerlich doch seit langem tot – ein wunderschönes Mädchen mit einem Gesicht so unbeweglich wie ein Totem. Noch nie habe ich in einem Gesicht eine so vollkommene Abwesenheit von Gefühlen gesehen. Ein Marmorantlitz, auf das Wesentliche beschränkt, von undefinierbarem Ausdruck, weit weg und völlig gleichgültig. Ein Modetrend hatte sie nach Erto gebracht: Sie war zum Klettern hergekommen. In Wirklichkeit aber interessierte sie das alles nicht. Ob sie nun im Valcellina oder in New York war, für sie schien dies mehr oder weniger auf dasselbe hinauszulaufen. Hochmütig und abwesend ließ sie nicht die geringste Emotion erkennen. Wahrscheinlich hätte die Aufzeichnung ihrer Hirnströme nur gerade Linien ergeben. Eine monströse Mischung aus Gleditschie und Latschenkiefer. Sie besaß ein Auto, das gut und gerne seine Hunderttausend wert war, ein richtiges Raumschiff, und als sie mit der goldenen Rolex beim Klettern gegen den Felsen stieß, verzog sie keine Miene. Beim Anblick des Campanile di Val Montanaia, einer mehr als 300 Meter hohen Felsennadel, die einzig auf der Welt ist, verlor sie kein Wort, so als hätte sie ihn gar nicht gesehen. An den Unterhaltungen der Gruppe nahm sie nicht teil. Nur hin und wieder schenkte sie uns ein kurzes ironisches Lächeln, als habe sie Mitleid mit uns. Ich bot ihr Alkohol an, um ihre Zunge ein bisschen zu lockern, doch sie lehnte ab mit den Worten, ein stilles Mineralwasser sei ihr lieber. Eine erschreckend leere Frau, die einem tatsächlich Mitleid einflößte, denn es war nur zu deutlich, dass das Ganze eigentlich nicht ihre Schuld war. Sie kam eben aus einer Familie von Stechpalmen.

Anders als die Kiefer mit ihrem ausgeglichenen, warmen Wintergrün, bei dem man friedlich einschlummern kann, ist das Grün der Stechpalme schamlos. Wie allen hochmütigen, eingebildeten Wesen, so geht man auch ihr besser aus dem Weg. Handwerker und Waldbauern machen einen gro-

*Der Campanile war ursprünglich ein großer versteinerter Baum*

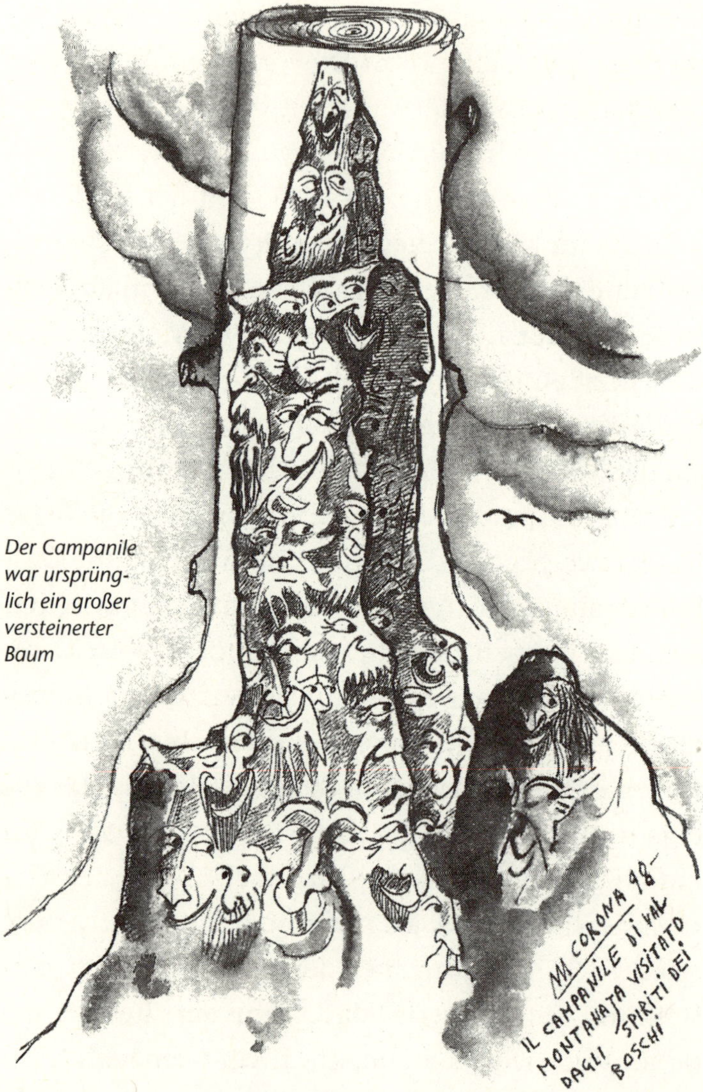


*Die Waldgeister zu Besuch beim Campanile di Val Montanaia*

ßen Bogen um sie. Sie ziehen für ihre Zwecke ein weniger überhebliches Holz vor, das sich leichter handhaben lässt.

Während der Stechpalme ihre Boshaftigkeit sofort anzusehen ist, versteckt der ehrgeizige Holunder sie unter einem anziehenden, wenn auch nutzlosen Äußeren – wie alle Bösewichte das gerne tun. Hinter seiner weichen Schale verbirgt sich eine aggressive Natur, die gerne zum Streit anstiftet.

Früher bastelten die Alten im Dorf uns aus Holunderzweigen Schleudern und Blasrohre. Dabei bohrte man mit einer Stricknadel das Mark aus den geraden, hohlen Zweigen, und fertig war das Rohr. Es ist ein unbedeutendes und schwaches Holz und eignet sich doch zur Herstellung von Waffen. Alles, was man aus ihm machen kann, lässt sich auch zur Zerstörung gebrauchen. Der Blasebalg, mit dem man das Feuer aus der Glut entfacht, kann auch eine Feuersbrunst auslösen.

Vor den menschlichen Holundern sollte man sich hüten. Sie sind klein und zerbrechen leicht, daher sind sie besonders böse. Meist versuchen sie, von hinten mit heimtückischen oder verborgenen Waffen zuzuschlagen.

Vor vielen Jahren bin ich mit meinem Freund Silvio Pinco (ein Koloss von 1,90 Meter und 100 Kilogramm) nach Longarone hinuntergelaufen, um ein bisschen zu feiern. Wir waren schon ziemlich »guter Laune«, als wir in einer Bar plötzlich auf einen dieser kleinen, zerbrechlichen Holunder trafen. Er war fast ein Zwerg. Wir wollten ihn nicht verletzen, konnten es uns aber doch nicht verkneifen, ihn ob seiner geringen Größe ein wenig zu hänseln. Und plötzlich geschah es. Mit einem Mal lagen wir beide ausgestreckt am Boden der Bar, und das Holunderzwerglein bedrohte uns mit einem abgeschlagenen Flaschenhals. Da er sich seiner geringen Kräfte offensichtlich bewusst war, hatte er jahrelang Kampfkunst trainiert und die dabei erworbenen Fähigkeiten bei jener Gelegenheit an uns erprobt. Er hatte uns flachgelegt wie nichts. Diese Lektion wird mir auf ewig unvergesslich bleiben.

Holunderzweige sind weich. Mit einem kräftigen Griff zerbricht man leicht mehrere auf einmal, aber Vorsicht! Wenn der Holunder zerbricht, dann gibt dies Splitter, so scharf wie Rasierklingen, die einen leicht verletzen können. Sie fühlen sich unterlegen, daher tragen sie das Messer immer in der Tasche und lassen es ohne die geringste Vorwarnung hervorschnellen.

*Eine Holunderbande*

Wenn Sie einen jungen Mann sehen, der einer alten Dame die Handtasche wegreißt, dann kann es nur ein Holunder sein.

Ein Baum, der mich mit einer seltsamen Unruhe und Beklemmung erfüllt, ist die Gleditschie, eine Verwandte der Akazie. Sie bedrückt mich so sehr, dass ich von ihr nur leise spreche, als würde sie mir Angst einjagen.

Hart, schweigsam und verschlossen ist sie, auch in der Gruppe. Unnahbar und störrisch gegenüber allen Werkzeugen ist sie und kommt mir vor wie eine Verrückte. Eine Frau, die in ihrem Schloss lebt, von langen Stacheln verteidigt. Eine hochmütige, hagere alte Jungfer, die Liebe weder schenken noch empfangen will.

Als Bildhauer hatte ich mit der Gleditschie nur eine einzige Begegnung. Ich habe sie unmittelbar nach dem Schlagen bearbeitet, weil sie dann ein wenig weicher ist. Aber es kostete mich nicht wenig Schweiß, mit ihr fertig zu werden. Von da an wollte ich mit Gleditschien nichts mehr zu tun haben.

Vielleicht ist sie so verschlossen, weil sie in sich noch die Wunden alter Schläge spürt. Wir dürfen nicht vergessen, dass eine Urahne von ihr die Dornenkrone lieferte, mit der Christus gekrönt wurde.

Die Bosheit der Menschen übersteigt nämlich die der Pflanzen und Tiere bei weitem, und so hat man die Gleditschie benutzt, um das Haupt des Schöpfers zu martern.

Schon in jungen Jahren spricht die Gleditschie wenig, später aber wird sie vollkommen unzugänglich und stumm.

Ich habe Frauen gekannt, die wie Gleditschien sind. Sie sind wirklich unnahbar.

Als Junge hatte ich mich in eine von ihnen verliebt. Sie war wunderschön. Alle jungen Gleditschien sind schön. Sie hatte Augen wie Nadelspitzen. Hätte sie damit einen Ball betrachtet, so wäre er mit Sicherheit geplatzt. Ich versuchte, sie zu erobern, wurde aber augenblicklich tief verletzt. Mittlerweile sind dreißig Jahre vergangen, doch wenn das Wetter wechselt, dann spüre ich diese alte Wunde wieder. Sie ist heute immer noch allein und spitzt am Abend ihre vertrockneten Stacheln.

Die Gleditschie ist eine verlorene Seele, die sich der Hoffnung und dem Mitleid verweigert. Aber sie beklagt sich nicht, und zu ihrer Verteidigung ist zu sagen, dass sie ihrerseits niemanden stört.

Die Stacheln trägt sie, damit andere Respekt vor ihr haben und den Abstand wahren, und dabei nimmt sie keineswegs zu kleinen Dornen Zuflucht wie die Rose, sondern schützt sich lieber mit langen und spitzen Dolchen.

Daher lässt sich aus der Gleditschie nichts weiter machen als Zaunpfähle für Gärten. Mein alter Handwerkerfreund Sepp De Paol, der nun seit geraumer Zeit die Wälder im Himmel durchstreift, erzählte mir, dass er eines Tages auf die Idee kam, aus Gleditschienholz einen Axtstiel zu machen.

Er war überzeugt, dass dieser ewig halten würde, einfach weil Gleditschienholz so extrem hart und fest ist. Doch nachdem er mit dieser Axt auch nur einen Baum gefällt hatte, waren seine Hände voller Blasen. Die Gleditschie verzeiht nie: Ihre Fasern enthalten die Säure von Groll und Missgunst. Wenn du sie anfasst, zieht sie dir die Haut ab.

Und so empfahl der alte Sepp mir, niemals einen Griff, für welches Werkzeug auch immer, aus Gleditschienholz zu machen.

Im Grunde leidet die Gleditschie, doch mittlerweile hat sie den Punkt überschritten, an dem sie hätte umkehren können, sodass es ihr unmöglich geworden ist, sich von ihrem Los zu befreien.

Wie viele Menschen gibt es in unserem Leben,

*Gleditschie*

denen wir uns gern nähern möchten, weil wir glauben, sie hätten etwas Interessantes oder Nützliches zu erzählen. Dann aber erkennen wir in ihrem Blick, ihrem Ton, ihrem Verhalten deutlich eine Art von Gleichgültigkeit uns gegenüber, so als fielen wir ihnen lästig. Und dieses Gefühl macht uns wehrlos und treibt uns von diesen Menschen weg. Sie hinterlassen in uns eine seltsame Betrübtheit, eine Bestürzung, die uns jede Hoffnung nimmt.

Genau diesen Charakter hat auch die Gleditschie. Sie lässt sich auf niemanden ein. Elegant und hochmütig ähnelt sie jenen Damen, die täglich ihren Fünf-Uhr-Tee trinken und nur hochgeistige Bücher lesen, vorzugsweise Aufsätze über schwierige Themen. Im Herbst allerdings sieht sie armselig aus. Nackt und einsam strahlt sie eine tiefe Traurigkeit aus.

Ihre Erlösung findet sie nur im Feuer, weil nur die Flammen sie beugen und besitzen können. Nur ihnen gibt sie sich hin, und in diesem einen, einzigen Opfer schafft sie es endlich, die Herzen und Körper der Menschen zu erwärmen. Dem Wasser hingegen widersteht sie jahrelang. Nach dem Absterben zerfällt sie sehr langsam und kehrt zur Erde zurück. Erst dann ist ihr Schmerz vorüber.

Es gibt Hölzer, die sich lieber beugen und am Leben bleiben, statt zu splittern und zu zerbrechen. Ein Holz, das niemals bricht, ist das des Wolligen Schneeballs, bei uns auch *rèvol* genannt.

Dieser Schneeball ist wie ein weiser, alter Mann, der verstanden hat, wie das Leben so läuft: Widerstand bedeutet, dass man am Ende zerbricht, und weil er ein Opportunist ist, beugt er sich, um nicht zu zersplittern. Eigentlich ist er hochmütig, aber wenn er merkt, dass sein Stolz ihn ruinieren kann, legt er ihn lieber ab und wird umgänglich.

Da er dünn wie ein Schössling ist, könnte man seine Seele mit einer Saite vergleichen. Aus Schneeballzweigen flocht man die Riemen der Tragekörbe. Von des Menschen Hand gedreht, wurden aus ihm robuste Seile, die man um Heuhaufen und Holzbündel schnürte.

An den schwierigeren Stellen am Berg benutzte man ein solches Seil zum Sichern. Es wurde um einen Vorsprung gewickelt, damit man sich über die schwierige Stelle hinweg abseilen bzw. hochziehen konnte. Auch aus gewundenen Haselruten machte man passable Seile, aber sie waren nicht so verlässlich wie die aus Schneeballzweigen. Manchmal rissen sie unerwartet und missbrauchten so das Vertrauen dessen, der sich auf sie verließ.

Der gerissene Jäger Checo de Costantina benutzte an einem bestimmten strategischen Punkt an der Nordwand des Cima Laste immer ein Schneeballseil, um sich dem Zugriff der Jagdaufseher zu entziehen. Sie brauchten Jahre, um herauszufinden, wie dieser hartnäckige Wilderer es immer wieder schaffte, ihnen zu entwischen. Seit dieser Zeit nennt der Volksmund den berühmten Abschnitt an der Laste-Nordwand nach dem gedrehten Schneeballseil.

Am 25. Juli 1998 ist die große Weißtanne vom Val Zemola zur Erde zurückgekehrt. Sie war sozusagen der Patriarch des Waldes, ein riesengroßer, über 500 Jahre alter Baum. Groß und feierlich stand er da, in einen Mantel der Einsamkeit gehüllt, und hielt sich nur noch aufrecht, weil das Gleichgewicht der Kräfte dies so wollte. Seine Wurzeln waren schon lange abgestorben. Ich habe diesen Baum, den Herrn des Waldes, geliebt.

Als ich noch ein Junge war und als Hütebub auf der Pezzei-Alm diente, bin ich immer in seine Zweige geklettert, die damals schon vertrocknet waren. Von dieser luftigen Höhe aus konnte ich sehen, wohin eine Kuh, die ausgerissen war, sich geflüchtet hatte. Ganz allein stand der Baum, ein Zeichen seines würdigen Alters. Denn obwohl er bereits tot war, bewahrte sein lebloser Körper doch seine ganze reife Schönheit und die Ausstrahlung, die er als lebendiger Baum gehabt hatte.

Sein mächtiger Stamm, von allerlei Unwettern ausgewaschen, wirkte wie eine riesige Statue aus weißem Stein. Am Tag zuvor hatte ich ihn noch stehen sehen. Am 25. Juli aber fand ich ihn zu Boden geschmettert. Der Fall hatte ihn in zwei Teile gebrochen, und seine Zweige hatten sich aufgrund des enormen Aufpralls wie schmerzhafte Dornen tief in die Erde gebohrt.

Der Strunk des entkräfteten Riesen hingegen ruhte friedlich auf der Erde, in unendlicher Müdigkeit vom Schlaf überrascht. So ist der Wächter des Tales, der schweigende Zeuge, dem Tausende ihre Geheimnisse anvertrauten, in den Schoß der Mutter zurückgekehrt.

In wenigen Jahren wird sein riesenhafter Körper zu Humus werden und keine Spur von ihm mehr übrig bleiben. Aber ich weiß, dass im Paradies auch Bäume Platz haben – und Tiere und alles, was auf Erden lebt.

Dieser zu Boden gestreckte Körper erzählte mir von einer Welt weit, weit weg, in die er gegangen war. Er hatte sich mit einem letzten Gruß verabschiedet, bevor er sich dem Weg zuwandte, der ihn ins Nichts führen würde. Die zerbrochenen Zweige sahen aus wie die Zeiger einer uralten Uhr, welche das unaufhaltsame Vergehen der Zeit misst, und angesichts dessen überfiel mich plötzlich ein heftiges Gefühl von Nostalgie, als mir klar wurde, dass nun wieder ein Stück meines Lebens verschwunden war.

In unseren Wäldern ist die Weißtanne der allseits respektierte, mächtige Hausherr.

Er ist der alte Schutzherr, der in seiner Einsiedelei wohnt und, von der Weisheit des Alters geleitet, über alles und jeden herrscht. Dabei hilft ihm auch sein Name, der Frieden und Heiterkeit ausstrahlt. Er hätte sich ja auch anders nennen können, aber er hat diesen Namen* gewählt, der schon beim Aussprechen das Gefühl von Macht erweckt, die von Gelassenheit kontrolliert wird.

Groß und majestätisch breitet der Baum sich nach allen Richtungen aus. In der Höhe kann er gar an die fünfzig Meter erreichen. Von dort oben spricht er mit dem Mond. Er sieht alles und weiß alles.

* Italienisch: *abete bianco* (A. d. Ü.)

*Der Wächter des Val Zemola, der am 25. Juli 1998 stürzte*

Langsam wächst er und gibt sich Mühe dabei, muss er doch die schwierige Kunst des Heerführers erlernen, des großen Weisen, der – gerecht wie König Salomo – in dem Wald, in dem er herrscht, allen Streit schlichtet und für Frieden sorgt.

Diese Aufgabe wird auf den Sohn vererbt. Vom Vater erhält er den Auftrag, umsichtig für seinen Wald zu sorgen. Und wenn er stirbt, gibt er das Szepter wieder an seinen Nachkommen weiter. Diese Kontinuität im Zeitenwandel verleiht ihm eine enorme Kraft, die alle Bäume in seiner Nähe dankbar spüren. Er behütet die schwachen Schösslinge, hört sich die Liebesseufzer der Birken an, versucht die Gleditschie menschlicher zu machen, allerdings ohne Erfolg. Kiefern, Ahorne, Buchen, Eiben, Lärchen kommen alle zu ihm, wenn es Probleme zu lösen gibt. Und er beschützt die Esche, den Außenseiter des Waldes, vor dem Sarkasmus und den Beleidigungen der »harten Jungs« wie Goldregen und Hainbuche. Mit wenig Erfolg versucht er, die Haselsträucher aus ihrer Trägheit zu reißen, da sie sich, Gefangene ihrer eigenen Niedertracht wie die Holundersträucher, schon lange vom rechten Weg entfernt haben. Die Rinde des Waldherrschers ist weißlich, wenn auch nicht so weiß wie die der Birke. Es ist ein aschgraues Weiß mit dunklen Streifen.

In ihrem Innern ruht, eingeschlossen in kleinen, weichen Blasen, eine seltene, farblose Flüssigkeit, die heilkräftigen Tränen des Baumes, die bei sämtlichen Krankheiten der Atmungswege Wunder wirken.

Wenn man die Finger über die Rinde der Weißtanne gleiten lässt, spürt man leichte Buckel, etwa von der Größe einer halben Bohne. Wenn man diese Blasen mit dem Daumennagel eindrückt, tritt das kostbare ätherische Öl aus.

Als wir noch Kinder waren, gab meine Großmutter das Öl in eine Schüssel mit kochendem Wasser und ließ uns die wohltuenden Dämpfe einatmen, um Bronchitis und Husten zu bekämpfen, die der Winter unweigerlich mit sich brachte.

Später durchstreiften wir selbst den Wald mit Spritzen, um mit unendlicher Geduld den edlen Nektar von den großzügigen Tannen zu holen. Um einen kleinen Flakon zu füllen, brauchten wir mehrere Tage.

Die Ruhe dieses Baumes hat etwas Feierliches. Alle anderen Bäume, auch die neidischsten und bösartigsten, akzeptieren seine Rolle als Vater und Herrscher. Und doch ist er keiner, der streng dem Buchstaben des Gesetzes folgt. Vielmehr übt er sein Richteramt mit Einfühlungsvermögen und Verständnis aus. Er weiß, wie fehlbar seine Nächsten sind, und bevor er ein Urteil ausspricht, sucht er in jedem die guten Seiten.

Er herrscht ohne jede Arroganz. Alle Menschen, denen Macht gegeben ist, müssten sich hin und wieder im Schatten einer Weißtanne ausruhen, um ihren Ratschlägen zu lauschen und ihrem Beispiel zu folgen.

Vor vielen Jahren wurde ich wegen eines Wildereidelikts, mit dem ich nichts zu tun hatte und von dem ich nicht mal etwas wusste, vor Gericht gestellt. Dummerweise traf ich auf einen Richter von der Walnusssorte, der mich im Gerichtssaal gleich als »missratenen Jüngling« bezeichnete. Wäre er vom Schlag der Weißtanne gewesen, hätte er vielleicht gemerkt, dass ich unschuldig war. Zumindest hätte er mich nicht öffentlich mit einer derart abfälligen Äußerung beleidigt.

Die Bedeutung der Weißtanne ist wohl für alle fühlbar, denn die Waldarbeiter selbst lassen sie meistens stehen. Häufig müssen sie ihr sogar zu Hilfe eilen, denn wie alle Mächtigen ist auch sie ständig von einem Hof von Bittstellern umgeben, von Gaunern und Bettlern: niedriges Volk ohne jedes Ehrgefühl, das ständig auf den Knien herumrutscht. Dieser Hofstaat wird manchmal so dicht, dass er der Tanne die Luft zum Atmen nimmt. Dann kommen die Waldarbeiter und befreien sie mit der Schlaghacke, indem sie rund um den Stamm eine kleine Lichtung schaffen.

Als wachsamer Hüter des Waldes hat die Weißtanne ein Auge auf alles, doch die Schwachen und Misshandelten erfreuen sich ihrer besonderen Aufmerksamkeit. Die Esche zum Beispiel behütet sie mit ausdauerndem Wohlwollen, da sie etwas »anders geartet« ist und daher von den übrigen Bäumen ständig belächelt und beleidigt wird.

Die Esche ist der weibischste Baum im Wald. Er wächst niemals gerade. Dabei entwickelt sein Stamm eindeutig weibliche Kurven. Jeder Bildhauer, und sei er auch mit noch so wenig Sensibilität begabt, entdeckt im Stamm der Esche Hüften und Brüste einer Frau.

Wie alle, die ein wenig »anders geartet« sind, ist der Baum sehr empfindsam und kommt daher nur schwer durchs Leben. Es gibt keine Esche, die nicht über sehr einladende Formen verfügt. Aus diesem Grund ist unser erster Impuls auch immer, den Baum zu streicheln. Aber für diese verführerischen Formen bezahlt er schwer.

Die »wahren Männer« machen sich über ihn lustig. Daher geht er Goldregen und Hainbuche aus dem Weg, wo immer möglich. Im Grunde sind dies keine üblen Kerle. Sie sind nur ein wenig hart und »männlich« bis ins Mark. Daher lassen sie auch keine Gelegenheit aus, die Esche zu verspotten und mit ihrem Sarkasmus zu quälen.

Ist das Holz erst geglättet, sieht man an der Äderung die femininen Linien noch viel deutlicher. So ist keine große Anstrengung nötig, um in diesem Stamm von Anfang an eine geschmeidige Ballerina oder ein elegantes Model zu sehen, das über den Laufsteg schreitet. Das Holz der Esche lässt niemals an Grobes und Hässliches denken. Seine Linien suggerieren immer nur grazile Kurven. Augusto Murer, der nicht nur ein großartiger Bildhauer, sondern auch ein Maler von Rang war, wurde nicht müde, immer wieder eine alte Esche zu zeichnen, die er irgendwann einmal auf einer Lichtung erblickt hatte.

Unsere Vorfahren gaben der Esche ein wenig männliche Würde zurück, indem sie sie für die Stützen verwendeten, welche die Ladefläche der Lastschlitten trugen. Der Ertaner Schlitten war ein recht primitives Transportmittel. Er wurde aus verschiedenen Holzsorten hergestellt, darunter natür-

*Die Esche*

lich auch die Buche. Den immer dienstbereiten Arbeiter des Waldes benutzte man für die Kufen. Außerdem nahm man noch die Esche, die Birke, die Hasel und den Schneeball, dessen zu Seilen gedrehte Zweige das Ganze zusammenhielten.

Trotz ihres grazilen Körpers hat die Esche ein sehr hartes, widerstandsfähiges Holz, das sich gut verarbeiten lässt und die Bürde des Lebens willig trägt.

Im Ertaner Schlitten arbeitet sie mit ihrer Freundin, der Birke, zusammen, der großen Dame des Waldes. Die Esche stellt die Stützen zur Verfügung, die Birke sorgt für die Querstreben. Gemeinsam schaffen sie so ein außergewöhnlich haltbares Gefährt.

Diese beiden waren es, die das manchmal enorme Gewicht des Holzes tragen mussten, das auf dem Schlitten zu Tal gefahren wurde. Die größte Anstrengung aber musste die Birke leisten. Und hier wird wieder einmal die gewaltige Kraft der Frauen deutlich, die daher rührt, dass sie immer die größten Lasten zu tragen haben und der Last der Tage beharrlich widerstehen müssen.

Die Esche wird nicht sehr hoch: Wenn sie Glück hat, erreicht sie vielleicht 15 oder 20 Meter. Die aschgraue, von einer grünlichen Zeichnung durchzogene Rinde ist glatt und sanft. So empfinden wir

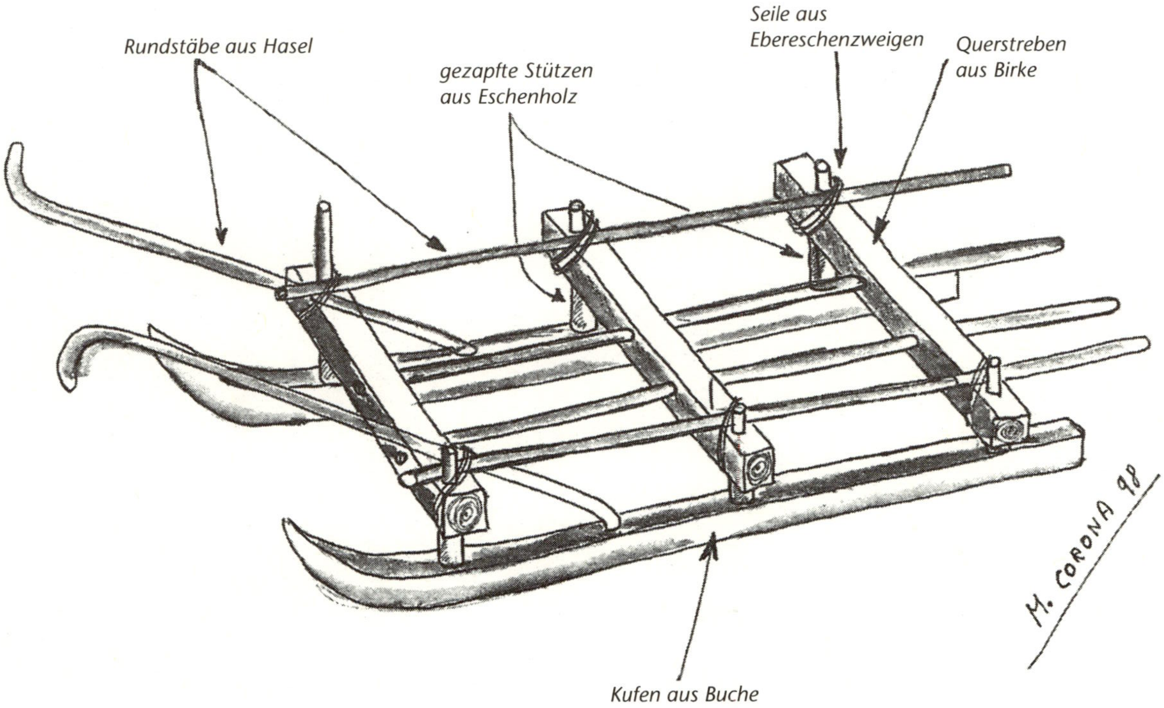


*Der Ertaner Schlitten, eine geniale Konstruktion aus verschiedenen Hölzern ohne jeden Dübel oder Nagel*

das Holz schon von außen als angenehm und haben Lust, es anzufassen.

Häufig habe ich Menschen in den Wald geführt, die mit Bäumen kein bisschen vertraut waren, sie nicht einmal zu unterscheiden wussten. Rein aus Neugierde führte ich sie dann zu einer Esche, weil ich wissen wollte, wie sie auf diesen Baum reagieren würden. Es war immer dasselbe: Zuerst gingen sie näher an den Baum heran, der ihnen sympathisch zu sein schien. Dann ließen sie unweigerlich die Hand zärtlich über den Stamm gleiten und liebkosten die sanft geschwungenen Linien.

Nachts, wenn die Dunkelheit am tiefsten ist und alle Tiere schlafen, werden im Wald verstohlene Geräusche hörbar. Buchen, Pappeln, Kiefern und andere Bäume rascheln mit dem Laub und bewegen sich sachte, um der schönen Dame näher zu kommen und sich ein wenig ihrer Gegenwart zu erfreuen. Die Einzigen, die von diesem Liebesreigen nicht erfasst werden, sind der Goldregen und die Hainbuche, die nicht darauf angewiesen sind, dass eine paar flüchtige Zärtlichkeiten für sie abfallen, die Lärche, die spröde ist und lieber allein bleibt, die Esche, der der Sinn nach anderem steht, und die Weißtanne, deren Weisheit die Verwirrung der Sinne bereits überwunden hat. Alle anderen sind auf der Suche nach der Frau ihrer Träume, dem Weib schlechthin: der Birke.

Hoch gewachsen, elegant und aufrecht, immer hübsch anzusehen in ihrem weißen Kleid, ist die Birke die Königin der Wälder. Wenn der Wind sich mit einer zärtlichen Brise in ihren Zweigen verfängt, beginnt sie zu tanzen. Ihr Körper dreht und wendet sich, als würde sie zum Tanz auffordern.

Das weiße, mit wenigen dunklen Punkten gesprenkelte Kleid verleiht ihr eine außerordentliche Eleganz. Sie sieht immer aus, als wäre sie gerade auf dem Weg zu einem Empfang.

Und doch bleibt sie stets zurückhaltend. Sie weiß um ihre Schönheit, lässt sich anbeten und verschenkt ihre Gunst nicht an den Erstbesten. Sie gehört nicht zu den Frauen, die einem sichtbare Beweise ihrer Zuneigung geben. Was sie wünscht, was sie begehrt oder was ihr gefällt, hat der Verehrer gefälligst aus den unmerklichen Bewegungen der Blätter abzulesen. Und nicht einmal dann kann er sicher sein, erhört zu werden. Sie weiß, dass sie die Schönste des Waldes ist, und dieses Wissen macht sie ein wenig eitel und hochmütig. Morgens, wenn sie sich im Tauspiegel besieht, der die Rinde des

Ahorns überzieht, denkt sie: »Man kann sagen, was man will, aber wir Birken sind wirklich schön!«

Wie bei allen Frauen verbirgt sich hinter ihrer äußeren Zerbrechlichkeit eine unerwartete Zähigkeit, Willensstärke und Widerstandskraft.

Sie ist fähig, enorme Mühen auf sich zu nehmen. Unter den Lasten des Lebens, unter denen andere, scheinbar weitaus Stärkere zerbrechen, beugt sie sich nicht einmal. Ganz im Gegenteil, in solchen Momenten gewinnt sie nur an Kraft. Gestärkt und gereift geht sie aus diesen Prüfungen hervor. So eignet sich das Holz der Birke als einziges, um daraus die Querstreben des Lastschlittens zu machen. Allein ihr Holz und das der Esche garantieren dem Menschen hierfür eine gewisse Dauerhaftigkeit.

Innerhalb der Waldgesellschaft hat sie eine besondere Beziehung zur Weißtanne. Die Birke dient ihr, um die Stimmungen, Probleme und Wünsche der Waldbewohner zu erforschen. Vom Wind bewegt, flüstern ihre Blätter dem Herrn des Waldes zu, was sich zu seinen Füßen abspielt.

Ich verstehe mich ein wenig auf Holz. Wenn ich in der Stadt bin, erkenne ich Birke-Frauen auf den ersten Blick: groß, elegant, mit einem maliziösen Zwinkern in den Augen und fließenden Bewegungen. Auch Männer vom Schlag des Holunders oder

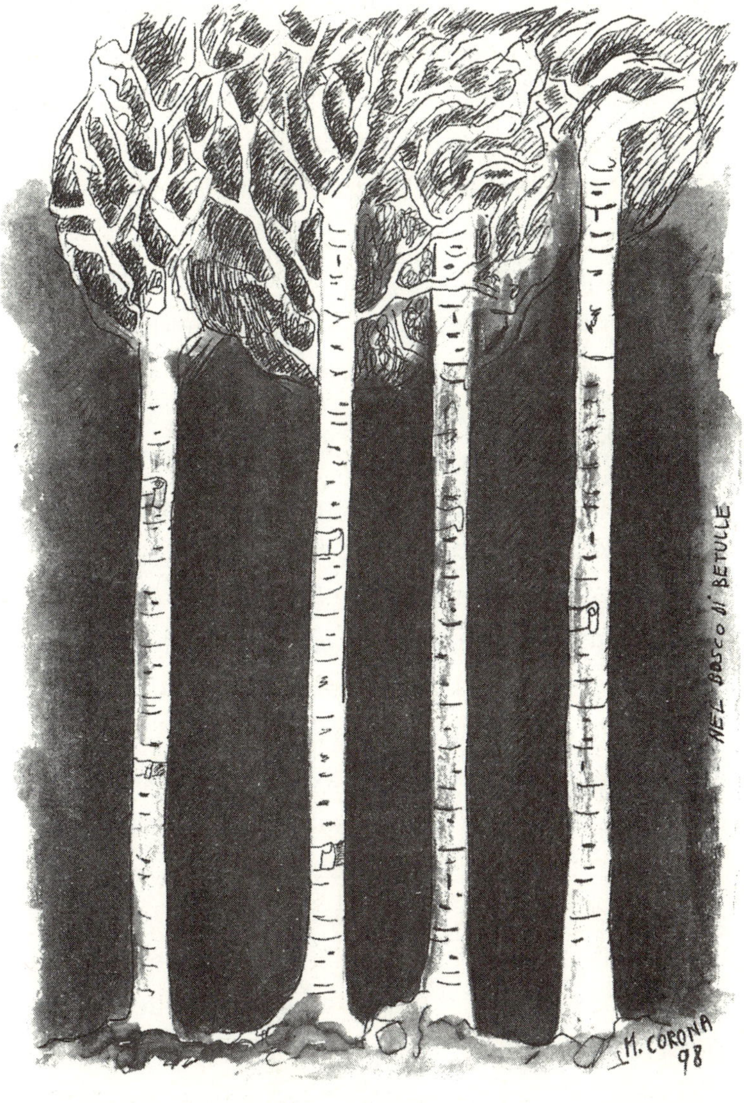


*Im Birkenwald*

des Walnussbaums fallen mir auf. (Gerade von Letzteren gibt es unglaublich viele!) Ich sehe Hainbuchen und Goldregen, und hin und wieder, wenn auch nur selten, eine Weißtanne.

Die Natur der Birke und ihre gute Erziehung zeigen sich in einer starken Selbstbeherrschung. Fühlt sie sich unwohl, so raschelt sie allerhöchstens ein wenig mit den Zweigen. Denn schließlich ist es Aufgabe der anderen, ihre Stimmung zu erraten.

Schnee, Regen und Wind stellen den Charakter der Bäume auf eine harte Probe. Den Unbeugsamen, die nicht nachgeben wollen, bricht der Schnee Zweige und Wipfel. Der Regen, so unangenehm er auch sein mag, stellt dagegen höchstens ein lästiges Übel dar. Erhebt sich aber ein jäher, unerwarteter Wind, dann trägt er Verstörung in den Wald und schreckt die Bäume aus ihrer Ruhe auf. In solchen Augenblicken ist die Birke auf der Hut; sie wiegt sich sanft und gleichmäßig im Wüten des Windes, statt sich gegen den Wind zu stemmen und dann ruckartig zurückzuschnellen.

Klatschen Sie auf einer nächtlichen Waldwanderung einmal laut in die Hände. Sie werden sofort merken, wie die Hainbuche zornig und nervös zusammenzuckt. Der Goldregen fährt erschrocken auf, die Esche zieht sich ängstlich zurück, und der

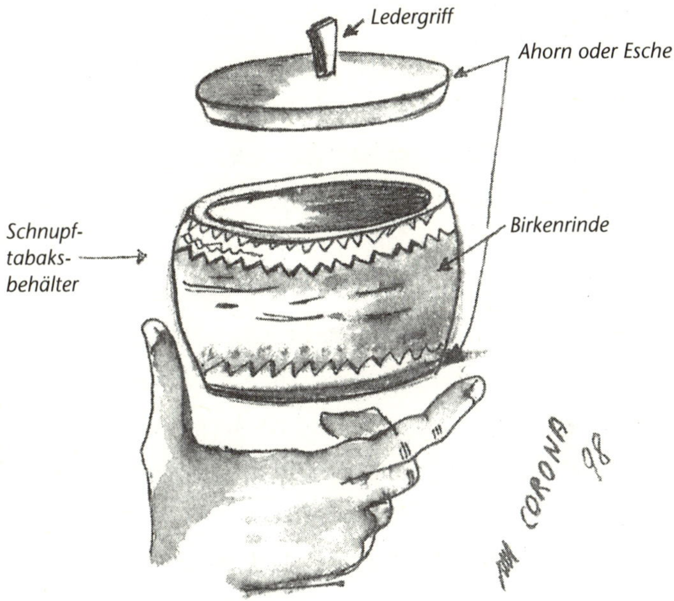


Ahorn gibt eine ziemlich grobe Antwort. Mitten in diesem Aufruhr, den das unvermutete Geräusch auslöst, wird sich still und leise die Birke wiegen, die der Lärm nur für einen kurzen Moment aus ihren Gedanken gerissen hat.

Früher machten die Männer unseres Dorfes aus der Rinde der Birke, die sich wie ein flaches Stück Gummi rollen lässt, die ovalen Schachteln, in denen sie ihren Schnupftabak aufbewahrten. Deckel und Boden dieser kleinen Behälter waren aus Eschen- oder Ahornholz. Die Seiten hingegen bestanden stets aus Birkenrinde. Meine Großmutter kaufte immer ihren Santa Giustina, einen billigen Tabak ohne besonderes Aroma. Doch wenn man ihn in diese Birkenschachtel legte, nahm er nach einigen Tagen einen ganz eigenen, eleganten Duft an.

Diese Schachteln waren eine Liebesgabe der Männer an ihre Frauen, die damals fast alle schnupften. Ich kann mich noch gut an die Nasenlöcher meiner Großmutter erinnern, die sich in zwei Krater mit dunklen, staubigen Rändern verwandelt hatten, weil sie so häufig schnupfte.

Als Kind habe ich gelernt, wie man diese hübschen Schachteln macht. Ich könnte sie auch heute noch anfertigen, doch mittlerweile schnupfen die Leute andere Dinge und wohl die wenigsten Frauen wären mit solch simplen Geschenken zufrieden.

Aus Birkenholz waren auch die Hütestäbe, mit denen die Hirten das Vieh auf die Hochalm trieben. Diese biegsamen Stöcke stützten den Schritt und gaben gerade so viel nach, wie der aufsteigende Körper es nötig hatte. Mit der Rinde hingegen lässt sich gut Feuer machen, weil sie auch brennt wie Gummi.

Vor vielen Jahren kam einmal ein Möbelfabrikant in unsere Gegend, um hier Ferien zu machen. Man weiß heute nicht mehr genau, wo er herkam, aus Brugnera vielleicht oder aus der Brianza, wo es viele Möbelfabriken gab. Aber Genaueres ist nicht bekannt. Jedenfalls war er durch und durch Unternehmer, das bedeutete, dass er auch während der Ferien an seine Fabrik dachte. Und als er eines Tages ein wenig frische Luft schnappen und sich Bewegung verschaffen wollte, machte er sich auf zu einem Waldspaziergang. Irgendwann bemerkte er plötzlich, dass er von Bäumen umgeben war. Er schloss die Augen vor diesem Geschenk Gottes und fing an zu rechnen. Er kalkulierte, wie viele Bänke, Tische, Schränke, Betten und Anrichten sich aus all dem Holz wohl machen ließen. Die Bäume witterten die Gefahr natürlich sofort. Sie machten sich ganz klein und rückten eng zusammen, um ja nicht aufzufallen. Sogar die Birke hörte auf zu tanzen, und die Weißtanne versuchte, ihre enorme Masse irgendwo zu verbergen. Der Einzige, der gerne bemerkt und ob seiner Schönheit geschätzt werden wollte, war der Walnussbaum. Ein guter Baum, doch leider ein wenig einfältig und eitel. Dieser Charakterzug besiegelte sein Schicksal.

Der Möbelfabrikant spürte den Ehrgeiz des Walnussbaumes und lenkte ihn in die richtigen Bahnen. Er plante, die Eitelkeit des Baumes mit der des Menschen zu verbinden, und so kam über die Menschheit plötzlich eine wahre Flut von Gegenständen aus Nussbaumholz: Tische, Regale, Betten, Pfeifen, ja sogar Armaturenbretter von Autos. Selbst Krawatten aus Nussbaum gab es. (Das ist kein Witz! Ich habe sie in Venedig mit eigenen Augen gesehen: Krawatten aus Holz, die irgendein Bildhauer geschnitzt hatte.)

Als der Mensch schließlich sogar Särge aus Nussbaum haben wollte, stieg der Wert dieses Baumes ins Unermessliche. Er, der einst ein einfacher Baum ohne große Ansprüche gewesen war wie viele andere, verlor angesichts des enormen Erfolges, zu dem die Dummheit der Menschen ihm verhalf, immer mehr den Kopf. Jeden Tag veränderte er sich ein bisschen mehr. Er wurde arrogant, unsympathisch und unangenehm.

Auch einer meiner Freunde, als Anwalt zwar brillant, in puncto Sensibilität allerdings eher unterentwickelt, wurde vom Nussbaumfieber befallen. Eines Tages lud er mich zur Besichtigung seiner Bibliothek ein, wobei es ihm jedoch weniger um deren Inhalt als um die Regale ging. Ich hätte gerne mit ihm über Bücher gesprochen, um aus seiner

Lektüre mehr über ihn, seine Leidenschaften, Vorlieben und Ideen zu erfahren. Aber abgesehen von einer ungeheuren Sammlung von Zivil- und Strafgesetzbüchern gab es in diesen funkelnagelneuen Regalen nur ein paar Titel über die besten Tennisspieler, bekannte Golfer und perfekte Segler. Dann stand da noch ein Band über Garibaldi, wenn ich mich recht erinnere. Eines war immerhin klar geworden: Er hatte eine Schwäche für Tennis, Golf und Segeln.

Als ich über all dies noch nachdachte, begann mein Freund ekstatisch mit den Knöcheln auf die massiven Regale aus Vollholz zu klopfen und wie eine hängen gebliebene Schallplatte immer von neuem zu wiederholen: »Nussbaum, reines Nussbaumholz, nichts als Nussbaum.«

Wie schön wären doch Regale aus dem Holz der Zirbelkiefer gewesen, die das Ticken des Holzwurms nicht kennen. Sie würden einen zarten, balsamischen Duft ausstrahlen, der Jahrhunderte lang anhält und das Papier der Bücher vor dem unerbittlichen Zahn der Zeit beschützt.

Der Nussbaum hat sich seine Macht und seinen Reichtum nicht selbst erarbeitet. Sie stammen nicht aus unermüdlichem Einsatz und redlicher Mühe, sondern sind einzig und allein das zufällige

Resultat einiger guter Eigenschaften, die – übertrieben und entstellt – den Menschen zu blenden vermochten.

Dabei muss ich immer an jene Schlagersängerinnen denken, deren Ruhm umso größer ist, je geringer das Talent. Die ganze Faszination solcher Stars liegt in ein paar Körperrundungen. Und trotzdem gilt jedes Wort, das sie sagen, und sei es noch so dumm, als Offenbarung.

Genauso ist der Nussbaum: ein ganz normaler Mensch von einigen spärlichen Talenten, den die menschliche Dummheit berühmt und mächtig gemacht hat, bis sich sein arroganter Aufstieg nicht mehr bremsen lässt.

Hier fallen mir zwei Beerdigungen ein, die zufällig am selben Tag stattfanden. Die beiden Männer hatten Hunderte von Kilometern voneinander entfernt gelebt. Sie waren im selben Jahr geboren und sollten nun am selben Tag begraben werden. Der Erste war ein Nussbaum. Er war durch glückliche Umstände berühmt geworden, und so begleitete ihn ein Heer von Journalisten und Fernsehkameras auf den Friedhof – und ein Meer falscher Tränen. Der andere war eine Hainbuche, ein begnadeter Kenner von Holz und Wäldern, ein weiser Mann, der sein arbeitsames Leben in der einsamen Stille des Ertaner Waldes verbracht hatte. Das letzte Geleit gaben ihm nicht einmal zwanzig Personen. Und doch habe ich von Letzterem unendlich viel gelernt. Im Gegensatz zu Ersterem war sein Leben für meines wirklich fruchtbar!

Ich denke, es wäre nicht schlecht, wenn die Medien sich hin und wieder auch um die Hainbuchen und Goldregen kümmern würden und nicht nur um Birken und Nussbäume. Denn diese bescheidenen Wesen geben Menschen in Schwierigkeiten Hoffnung und Trost.

Mit dem Nussbaum arbeite ich, weil ich mich dem Feind stellen will. Denn er ist zwar arrogant und unsympathisch, aber einige Vorzüge besitzt er dennoch. Er lässt sich zum Beispiel wunderbar schleifen, wobei sein dunkles Braun hervorragend zur Geltung kommt. Aber wie er sich bitten lässt!

Er erinnert mich an einige Menschen, die ich kenne. Sie gefallen mir nicht, aber trotzdem versuche ich, an ihnen irgendetwas zu finden, das sie wenigstens ein bisschen netter erscheinen lässt. Bei einigen bemühe ich mich schon seit Jahren. Das hat zwar bisher noch nichts gefruchtet, aber ich gebe trotzdem nicht auf.

Auch die Blätter des Nussbaums sind vom Größenwahn besessen. Im Herbst gleiten sie nicht wie alle anderen in würdigem Schweigen vom Baum. Nein, sie wollen bemerkt werden, brauchen das Publikum, sonst fühlen sie sich wertlos. Also geben sie, um Aufmerksamkeit zu erregen, ein lautes »krack-krack« von sich, als würden schwere Papiertüten vom Himmel segeln.

Sie wollen auffallen um jeden Preis. Auch im letzten Moment, im Augenblick des Todes, müssen sie noch Lärm machen. Doch auch diese Töne verwehen schließlich, und der Schnee bedeckt das Laub des Nussbaums ebenso wie das der anderen Bäume.

Meine Meinung über den Nussbaum wird von dessen Geruch bestärkt. Versuchen Sie einmal, Nussbaumholz zu schnitzen oder zu sägen, es in irgendeiner Form zu bearbeiten: Der Geruch, der Ihnen dabei entgegenschlägt, wird Ihnen nicht gerade behagen. Nussbaum ist das einzige Holz, dessen »Duft« ans stille Örtchen erinnert.

Das Gegenteil des Nussbaums, sowohl im Hinblick auf den Charakter als auch auf den Lebensstil, ist die Lärche, die Königin der Bergkämme. Man findet sie auch auf den Lichtungen, doch am meisten fällt sie ins Auge, wenn sie wie ein überdimensionaler Dorn einzeln in der Flanke des

Berges steckt. Ihr Name klingt knochig und trocken wie der Baum selbst.

Ihr Holz ist blutrot, vor allem in den untersten Teilen des Stammes, und wird von ockergelben Adern durchzogen. Gerade wächst sie nicht, eher ein wenig gekrümmt, trotzdem schwingt sie sich zu enormen Höhen auf. Die Lärche ist unser Freund, unser älterer Bruder. Die Bergbewohner nutzten nur die ersten vier Meter des Stammes, den Teil, der aus dem Boden kommt. Da dieses Holz besonders stark und widerstandsfähig ist, machten sie daraus Dächer, Zimmerdecken, Türen, Fenster, Bänke und Fässer. Alle unsere Häuser wurden mit dem Holz der Lärche erbaut.

Unsere Vorfahren suchten die zähesten unter den Lärchen aus und benutzten nur den roten, vom weichen Holz unter der Rinde befreiten Kern. Dieser ist nahezu unzerstörbar. Bei der Lärche gibt es nämlich zwei verschiedene Qualitäten, die – obwohl sie sich ähneln wie ein Ei dem anderen – doch gewisse Unterschiede aufweisen.

Diejenigen, die auf fetter Erde wachsen und daher gemütlich und bequem leben, haben ein weicheres Holz, das sich leichter bearbeiten lässt. Und die anderen, die ihr Recht auf Leben den mageren Steilhängen abtrotzen und in unserer Gegend nur an den Hängen des Pradòn, des Porgait und auf den Gipfeln des Certèn zu finden sind.

Letztere waren gesucht, weil sie jeden Zentimeter an Höhe mit Schweiß bezahlt hatten, mit Mühe und Plage sowie der beschwerlichen Suche nach ein bisschen Nahrung.

Zäh und zurückhaltend, edel im Gemüt und stark von Charakter, war die Lärche seit jeher unser natürlicher Verbündeter im Kampf um das Überleben. Die Dörfer im Tal sind aus Steinen, Menschenherzen und Lärchen gemacht.

Die Lärche behütet den Schlaf der Menschen. Beim Bau der Häuser benutzte man Lärchenholz für das tragende Gebälk und die Decken. Aus ihrer privilegierten Lage unterhalb der Schlafzimmerdecke heraus bewachte und beobachtete die Lärche das nächtliche Treiben der Menschen. Von dort aus sah sie die Nächte der Liebe und der Unruhe, sah Geburten und Todesfälle, den Schlaf der Kinder und das Weinen der Frauen. Alte Menschen, die ihren letzten Atemzug taten, richteten ihren Blick dabei auf die Deckenbalken aus Lärchenholz. Unter ihren Augen spielte sich das Intimste des menschlichen Lebens ab, meist voller Angst und Schmerz, hin und wieder aber auch mit etwas Freude.

Um ihn der harten Raspel der Zeit gegenüber

*Eine einzeln stehende Lärche am Abhang des Pradòn*

noch widerstandsfähiger zu machen, wurde der Stamm der Lärche unmittelbar nach dem Schlagen (immer bei abnehmendem Mond) quadratisch zugehauen und dann über ein Feuer aus Hainbuche gehalten.

Die Angst vor dem Feuer, dem Erzfeind des Holzes, die Furcht vor seiner tödlichen Zärtlichkeit bewirkte, dass die Lärche sich noch mehr in sich selbst zurückzog, als wollte sie sich vor dem Angriff schützen. Die Fasern verdichteten sich, und der gebrannte Balken wurde schwarz wie Ebenholz und unverwundbar.

Der unmittelbare Kontakt mit der Gefahr macht uns jedes Mal noch ein wenig stärker, aber auch vorsichtig und misstrauisch. Am gefährlichsten sind die Verletzungen, die wir als Kinder erfahren, weil sie den Charakter hart werden lassen, bis die Seele des Kindes sich nicht mehr öffnet.

Heute macht man Hölzer mit synthetischen Anstrichen haltbar. In früherer Zeit griff die Weisheit des praktischen Lebens auf die Urelemente zurück: Luft, Erde, Wasser und Feuer.

Vor kurzem ist in unserem Dorf die liebe, alte Kirche aus dem 17. Jahrhundert restauriert worden.

Das Kirchlein ist sehr schön, wenn es auch jetzt verlassen und nackt dasteht, weil man eine neue

Kirche daraus gemacht hat, die eher einer Bank ähnelt als einem Ort des Gebets. Früher verbreiteten das alte Kirchengerät und die Heiligenbilder an den Wänden einen geheimnisvollen Geruch, der auch den größten Zweifler noch dazu brachte, sich zu fragen, ob am Ende nicht etwa doch ... Der Steinboden war aus dicken, großen Platten, die von den Libri di San Daniele stammten, einer besonderen Felsformation am Monte Borgà. Nur ein gewaltiger Glaube konnte sie bis hier herunter ins Dorf gebracht haben. Aber ein Priester, der in der Diskothekenkultur groß geworden war, hatte nichts Besseres zu tun, als die Platten zerschlagen zu lassen und die Bruchstücke mit einem fleckigen Plastikgemisch zu verkleistern, das den Atem dieser uralten Steinplatten für immer erstickte. Doch damit noch nicht genug: Er ließ auch das uralte, holzgeschnitzte Chorgestühl herausreißen – aus Platzgründen, wie er sagte. Dieses Holz ließ er dann in einer enorm großherzigen Geste an die Armen der Pfarre verteilen, damit sie daraus Feuerholz machen konnten. Die alte Sépa de Gaio wies dieses geschmacklose Geschenk empört zurück. Sie hatte keine Lust, »ihren« Chor, in dem ihr Sohn vierzig Jahre lang gesungen und das Harmonium gespielt hatte, den Flammen zu übergeben. Ein Stück allerdings wollte sie haben, zur Erinnerung sozusagen. Sie bewahrte es in ihrem Zimmer auf und behandelte es wie eine Reliquie.

Im Laufe der Jahre verschwanden dann – keiner weiß wie, oder vielleicht weiß es der eine oder andere doch – auf geheimnisvolle Weise noch andere Dinge, bis die alte Kirche schließlich fast leer war.

Heute stehen darin nur noch die hölzernen Statuen der Heiligen Bartholomäus und Antonius sowie die Statue der Madonna. Über diese wacht still (wie lange noch?) das unvergleichliche Kruzifix von Andrea Brustolon, dem unverwechselbaren Michelangelo der Holzskulptur, der am 20. Juli 1662 in Belluno geboren wurde.

Als man anfing, die Kirche zu restaurieren, waren die Deckenbalken aus gebrannter Lärche immer noch vollkommen intakt, so als hätte man sie gerade erst angebracht. Und tatsächlich waren sie über die Jahrhunderte von keiner Menschenseele berührt worden.

Die Lärche ist ein auf altmodische Weise ehrlicher und großzügiger Baum. In ihr gehen Form und Substanz eine glückliche Verbindung ein.

Man könnte ihr ohne weiteres all seine irdischen Güter anvertrauen und sicher sein, dass sie nicht nur peinlich genau darauf achten, sondern sie auch tatsächlich zurückgeben würde. Und doch drängt sie sich nicht auf, sondern eilt nur dann zu Hilfe, wenn man sie ausdrücklich darum bittet.

Sie lebt hoch oben in den Bergen, auf den Kämmen der Gebirgszüge, und wacht dort mit wohlwollendem Auge über ihre Brüder, die Menschen.

Anders als die Lärche hat die Kiefer den Schöpfer darum gebeten, vom Alter verschont zu werden. Doch dieser Wunsch wurde ihr nur zum Teil erfüllt. Der himmlische Vater hat der Kiefer keineswegs ewige Jugend geschenkt, doch eines hat er immerhin zugestanden: dass sie ihr grünes Kleid auch im Winter behalten darf. Anders als die Stechpalme aber ist die Kiefer dadurch nicht hochnäsig geworden, und ihr grünes Kleid hat eine angenehme, beruhigende Farbe. Im Winter, wenn alles schläft und die Natur sich in sich selbst zurückzieht, wenn die Farben blass werden und unter dem Schnee verschwinden, dann kommt das Grün der Kiefer leuchtend zur Geltung. Vor dem Hintergrund der weiß verschneiten Hänge erzählt sie ruhig und friedlich ihre Geschichte.

Ihre dichten, nach unten herabfallenden Zweige machen sie zu einem immer geöffneten Schirm, zu einem Dach, unter das man sich flüchtet, wenn ein Gewitter losbricht. Es ist nur natürlich, unter ihren Zweigen Zuflucht zu suchen, denn die Kiefer verbreitet eine Aura von Schutz und Mitgefühl, und der Regen vermag ihre dichten Nadeln nicht zu durchdringen.

Wenn eine Kiefer dir Zuflucht gewährt, dann hält sie auch eine Hand voll Feuerholz für dich bereit und ein trockenes Bett. Man findet rund um den Stamm der Kiefer immer ausreichend trockene Zweige und Wurzelstücke, die sich zum Feuermachen eignen. Mit Hilfe dieser Zweige können Sie in noch so ungünstigen Situationen Feuer machen, zum Beispiel auf einer Schneedecke, und wenn Sie einmal draußen übernachten müssen, geben sie ein bequemes Bett ab. Wie oft habe ich unter den Zweigen einer Kiefer geträumt, wenn ich mit meinem Vater auf der Jagd war.

Einmal schliefen wir im Frühling drei Nächte hintereinander unter einer mächtigen Kiefer im abgelegenen Val Montina, während wir darauf warteten, dass der Auerhahn seinen Balzgesang ertönen ließ. Am Morgen des dritten Tages erschien endlich das große Männchen und mein Vater erlegte ihn mit einem gezielten Schuss, während das wunderschöne Tier seiner Gefährtin seine Liebe erklärte.

*Die Kiefer*

Aufgrund ihrer großzügigen Gastfreundlichkeit erinnert die Kiefer mich immer an einen Herrn, der früher in unserer Gegend gelebt hatte. Er war wohlhabend und auch ein Menschenfreund, denn er fuhr einen Lancia *Flaminia* und half den Bedürftigen, ohne ein Aufhebens zu machen. Auch über Politik sprach er gerne, allerdings nur in Anspielungen und immer mit einem gewissen Abstand. Er zog kleine, doch konkrete Akte der Hilfsbereitschaft vor. Ich habe ihn kennen gelernt, als ich noch ein Kind war, und erinnere mich an ihn voller Dankbarkeit, da er uns zu jedem Weihnachtsfest ein Paket voll leckerer Dinge brachte. Ihm, der mittlerweile gestorben ist, möchte ich das Bild der Kiefer widmen.

Die Kiefer, die in jedem Bergwald beheimatet ist, verteilt ihre Geschenke ebenso diskret wie er.

Ihr harziger Duft macht sie zu einem exzellenten Bauholz, das allerdings nur im Innern des Hauses verwendet werden kann. Sie ist wie ein Mann mittleren Alters. Man muss sie vorsichtig behandeln und auf ihre beginnenden körperlichen Probleme Rücksicht nehmen.

Da sie verletzlich ist, muss sie geschützt werden. Anders als die Lärche ist sie kein Holz für außen, wo sie dem Wetter schutzlos ausgeliefert wäre. Die

Kiefer hilft uns im Wald, sobald sie aber geschlagen ist, will sie beschützt werden und im Haus bleiben, sonst verfällt sie.

All ihre Kraft und Widerstandsfähigkeit schenkt sie ihren Söhnen, den Zweigen. Diese rebellischen Abkömmlinge, die sich so sehr von der Mutter unterscheiden, beugen sich keinem Werkzeug.

Eine Kiefer von ihren Ästen zu befreien ist eine Arbeit, die alle Holzfäller fürchten, da die Äste die Schneide der Axt auf eine harte Probe stellen. Fast immer trägt sie Schäden davon. Nur die legendäre Müller, eine Axt aus Österreich, löst diese Aufgabe, ohne sich mehr als ein paar leichte Abschürfungen zuzuziehen. Ob eine Axt gut ist oder nicht, erkennt man erst, wenn man mit ihr eine Kiefer oder Weißtanne entastet hat, ohne dass sie dabei allzu übel zugerichtet wird.

Mein Großvater behauptete immer, dass die Müller außer dem Blatt aus Spezialstahl noch einen Kern aus Silber habe, welcher die Erschütterungen auffange.

Bis vor wenigen Jahren wurde die Kiefer gemartert wie der Heilige Sebastian, wenn auch zu einem guten Zweck.

Man bohrte mit dem Meißelbohrer mehrere Löcher in das unterste, etwa einen Meter hohe Stück des Stammes und hängte darunter Glasgefäße auf. Sobald der Stamm auf diese Weise durchlöchert war, versuchte er die Wunden zu verschließen. Nach ein paar Tagen tröpfelte dickes, gelbes Harz in die Gefäße wie warmer Honig. Kiefernharz kann zu allerlei medizinischen Zwecken verwendet werden, und wenn uns von der Ernte etwas übrig blieb, verkauften wir es an die Apotheken.

Das Harz der Kiefer ist eine wahre Gottesgabe. Wenn man einen Dorn in der Haut hat und ihn nicht mehr herausbekommt, genügt es, ein wenig

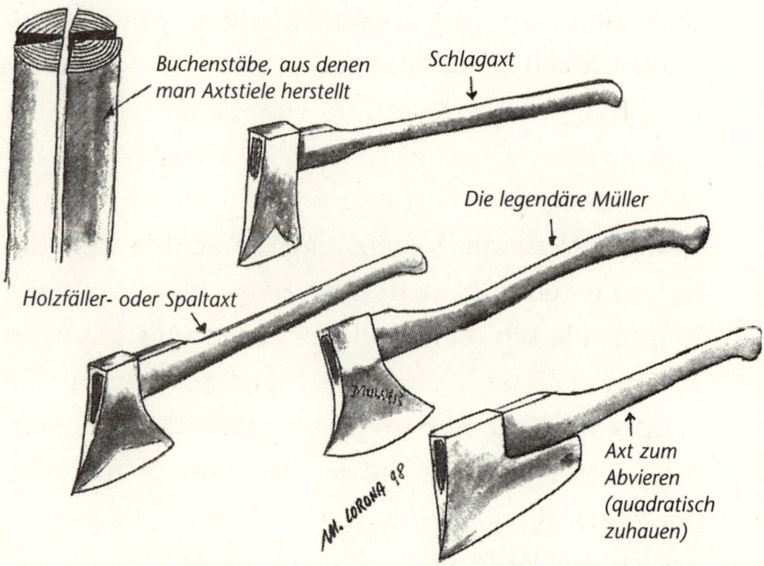


*Buchenholzstiele (aus Viertelstäben)*

flüssiges Harz auf die Stelle zu tupfen. Dann kommt in ein paar Tagen der Dorn fast von selbst heraus, man braucht nur noch mit dem Daumen leicht zu drücken. Macht man allerdings zu viele Löcher in den Baum, um Harz daraus zu gewinnen, kann ihn dies zerstören. Früher sind viele Kiefern eingegangen, weil die Bergbauern ihnen zu viel Harz abgezapft haben.

Betrachten wir die großen Familien der friedlichen Kiefern, wie sie sich über die weiten Hänge des Gebirges ausbreiten, so kommt in uns ein Gefühl von heiterer Gelassenheit auf. Kiefern sind solide und ordentliche Bergbewohner, ohne die ein Wald einfach nicht vollständig wäre.

Natürlich gibt es auch Bäume, die ausgewandert sind. Sie haben den Wald verlassen, um das gute Leben in den Städten zu suchen. Sie stehen für die schönen Dinge des Lebens, für die Gefühle. Zu diesen Auswanderern zählen der Kirschbaum, der Birnbaum und der Apfelbaum.

Im Laufe der Zeit haben sie beschlossen, ihr Bündel zu schnüren und den Menschen in die Täler zu folgen. Im Wald sind nur ihre wilden Brüder geblieben. Sie selbst haben es vorgezogen, ihren Tragekorb mit Kirschen, Birnen oder Äpfeln zu füllen und in die Gärten und Höfe auszuwandern.

Nach dem Unglück am Vajont, bei dem 1963 fast das ganze Dorf zerstört wurde, sind viele Ertaner, eigentlich die meisten, ihrem Beispiel gefolgt. Sie sind in die Ebene ausgewandert, weil sie fälschlicherweise glaubten, es würde ihnen dort besser gehen. Dort bauten sie dann neue Dörfer, mit neuen Straßen und neuen Namen. Vor der Tragödie am Vajont hatte Erto mehr als dreitausend Einwohner. Heute sind noch etwa dreihundert geblieben.

Der Berg ist streng. Wenn du nicht gut verankert bist, wenn du dich nicht gut fest hältst, schüttelt er dich ab, sodass du zum Meer hinunterrollst. Er führt eine harte Auslese durch: Wer den Stößen widerstehen kann, bleibt oben. Wer den Halt verliert, rutscht ab. Aber vielleicht ist alles auch nur eine Frage der Sensibilität. Wenn man alpine Geröllhalden betrachtet, fällt einem sofort auf, dass die großen, gröberen Steine ganz unten liegen. Sie sind heruntergerollt, während der kleine, feine Kies oben geblieben ist, dort, wo die Felsen geboren werden.

Gütig und sanft sind sie, die Obstbäume, mit einem Körper, dessen Farbe Wärme und Gefühl ausstrahlt. Nur der Kirschbaum ist ein klein wenig hochmütig, aber man muss auch wissen, dass er der Baum der Liebe und der Träume ist.

Vielleicht weil sein Holz eine so wunderschöne rosarote Farbe mit dunkler Maserung und einen so köstlichen Duft hat, wurde ihm vom Schöpfer eine ganz besondere Aufgabe anvertraut. Er sollte in den Dörfern im Tal zum Schrein für die Liebe und den Schlaf der Menschen werden. Bei uns haben Generationen von Menschen, unsere Großeltern, Eltern und Kinder, in einem Bett aus Kirschbaumholz geschlafen und sich geliebt. Auch ich bin in einem Bett aus Kirschbaum empfangen worden, wie meine Brüder. Und in diesem Alkoven ist auch mein Großvater geboren worden, wie seine Söhne und andere. Wahrscheinlich haben fast alle Einwohner von Erto, wenigstens bis zum Unglück am Vajont, das Licht der Welt in einem Kirschbaumbett erblickt. Ich stelle mir immer vor, dass aufgrund der Farbe dieses Holzes Liebende alles wie durch eine rosa Brille sehen. Wie viele Träume hat mir mein Kirschbaumbett als Heranwachsendem beschert. Und wie viele Mädchen habe ich mir neben mir auf dem mit Laub gefüllten Bettsack erträumt.

Doch im Jahr 1963 breitete sich plötzlich das Wirtschaftswunder wie ein rasendes Feuer in meinem Dorf aus. Ein Feuer, das alles zerstörte, um es gegen Anderes, Neues ersetzen zu können. Plötzlich gab es Einbauküchen wie in Amerika und Metallbetten mit eingebautem Radio. All diese neuen Dinge funkelten verführerisch, und plötzlich meinte man, dass die einfachen Dinge aus Holz nun schon zu lange den einförmigen Geruch der Gewohnheit an sich trugen.

Das noch nie Gesehene kann blenden, auch wenn man im Grunde bereits spürt, dass es simpel und banal ist. Wenn man nicht sehr vorsichtig ist, macht der Glanz des Neuen blind. An die alten Dinge hat man sich gewöhnt, man sieht sie ja jeden Tag. Schließlich ist man sie leid und möchte sie auswechseln. Aber Vorsicht! Man braucht ein fein ausgebildetes Gespür, wenn man nicht riskieren will, einen wahren Schatz gegen einen Sack Müll einzutauschen. Dieses Gespür bildet sich an der Wertschätzung aus, die wir den Dingen entgegenbringen sollten, welche uns jahrelang begleitet haben. Stattdessen aber gehen wir fast immer dem Trugbild des Neuen in die Falle. Zuerst werfen wir alles weg, was wir uns schon »übergesehen« haben, nur um dann, wenn wir feststellen, dass wir einen schlechten Tausch gemacht haben, uns von neuem auf die Jagd nach Sitztruhen, Anrichten, alten Radios und antiken Betten zu machen.

Auch meine Mutter wurde von dem Funkeln angezogen wie eine Krähe. Und weil sie modern sein wollte, verbrannte sie alles, was irgendwie nach Altem roch. Sogar die Bettgestelle warf sie auf den Scheiterhaufen.

Etwas zu zerstören, das über Jahre hinweg immer wieder berührt, angefasst und benutzt wurde, das den Geruch des Hauses in sich aufgesogen hat, die Gefühle seiner Bewohner aufgenommen und geteilt hat, ist ein unverzeihliches Vergehen. Denn dieses Ding ist kein bloßes Objekt mehr. Es hat ein Eigenleben erworben, ist zum Reisegefährten geworden, der uns begleitet hat. Es ist ein Familienmitglied, und als solchem gebührt ihm Respekt.

Ich bin jetzt 48 Jahre alt und habe immer noch Heimweh nach meinem Kirschholzbett.

Das blasse Rosa des Kirschbaumholzes fördert die Gefühle, während seine Früchte die Leidenschaft nähren. Die roten, prallen Kirschen vollenden den erotischen Eindruck, den dieser Baum macht.

Der Mensch, der nie zufrieden ist mit dem, was die Natur ihm bietet, hat dem Kirschbaum seine helfende Hand aufgezwungen und ihn mit immer neuen Bearbeitungsmethoden genötigt, immer größere, attraktivere Früchte zu produzieren. Doch welch ein geschmacklicher Unterschied zu den kleinen Wildkirschen von einst!

Für meine Skulpturen benutze ich den Kirschbaum häufig. Leider enthält er ziemlich viel Wasser. Daher springt das Holz leicht, wenn es trocknet, was meist recht große Risse hinterlässt.

Sogar Augusto Murer, mein Lehrmeister, der dieses Holz oft verwendete, verzweifelte an den Rissen, die in der Skulptur später entstanden.

Während der Kirschbaum der Baum der Gefühle ist, gehören Apfel- und Birnbaum in den Kindergarten. Irgendwie haben sie immer etwas mit Kindern zu tun, und am Ende werden sie selbst zu Kindergärtnern.

Diese beiden leben, um uns Frieden und Heiterkeit zu schenken. Sie sind nicht gerade Pioniere. Das Abenteuer ist nicht ihr Fall. Gewöhnlich bescheiden sie sich mit einem ruhigen Leben in Hof oder Garten. Wo immer der Mensch ein Haus baute, fanden sich früher oder später auch Birn- und Apfelbaum ein.

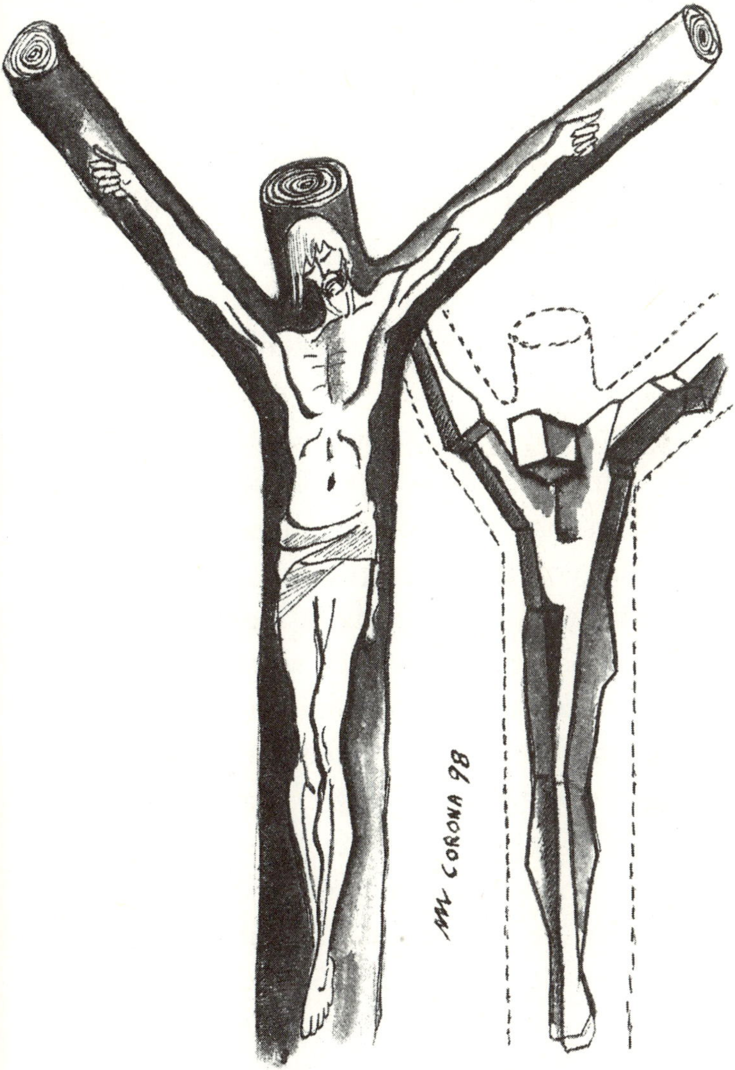


*Kruzifix in der Dreifachgabel eines Apfelbaums*
*Rechts die Grundform*

Unsere Vorfahren hatten großen Respekt vor ihnen. Den Kirschbaum fällten sie des Öfteren, Apfel- oder Birnbaum fast nie, denn Apfel und Birne spielten bei dem ärmlichen Mahl der Bergbauern eine wichtige Rolle. Und wehe den Schlingeln, die es wagten, Äpfel und Birnen aus dem Garten einer anderen Familie zu stehlen. Sie riskierten eine ordentliche Tracht Prügel, im ungünstigsten Fall sogar einen Schlag mit der Hippe.

Ich kann mich noch gut an einen dieser fernen Sommer erinnern, in denen ich mit meinem Freund Franco, der mittlerweile schon lange unter der Erde liegt, auf einem primitiven Floß aus Baumstämmen den Stausee am Vajont überquerte, um in einem kleinen, aber reich tragenden Obstgarten bei Marzana Birnen zu stehlen. Wir hatten einen großen Beutel bei uns, weil wir die Absicht hatten, eine ordentliche Menge mitgehen zu lassen. Es begann eben zu dämmern, als wir mit der Ernte begannen, beide auf demselben Baum. Plötzlich bemerkte Franco, dass die Zweige der Hecke sich regten, und schon war ihm alles klar. Er schaffte es gerade noch, hinunterzugleiten und sich davonzumachen, wobei er dem Schlag mit der Hippe durch einen geschickten Sprung auswich. Ich blieb oben zwischen den Zweigen, während auf der Wiese der Besitzer hin und her lief, seine Waffe schüttelte und immer wieder zu mir hoch rief: »Diesmal bist du tot!« Ich allerdings fühlte mich da oben recht sicher. Das Problem war nur, hinunterzukommen. Aber nachdem ich sowieso sterben sollte, wollte ich mir zumindest den Bauch mit seinen köstlich süßen Birnen vollschlagen. Die Kerngehäuse warf ich ihm gezielt an den Kopf. Dadurch verlor der arme Bauer vollends die Fassung. Wie ein verwundeter Eber raste er um den Baum herum, heulte, fluchte und hieb immer wieder wütend mit der Hippe auf den Boden, so als wäre ich dort unten. Schließlich war es schon fast dunkel. Franco, der sich in der Nähe versteckt hatte, schien endlich etwas eingefallen zu sein, denn er schrie mir zu: »Halt dich bereit.« Im letzten Dämmerlicht sah ich, wie er auf einen anderen Baum in meiner Nähe zusauste und daran hochkletterte, so als wollte er noch ein paar Birnen rauben. Der Rasende unter mir hielt für einen Augenblick inne und stürzte sich wie eine Furie auf den Baum, auf dem mein Freund saß. Doch dieser war längst wieder hinuntergeklettert und im Gebüsch verschwunden. Dieser kurze Augenblick genügte mir. Ich verließ den Baum und machte mich aus dem Staub.

In der nächsten Zeit achteten wir genauestens

darauf, dem Birnenmann nicht über den Weg zu laufen. Dann geschah das Unglück am Vajont und ich wurde ins Salesianerkolleg geschickt. Aber die bestialische Wildheit dieses Mannes vergaß ich nie. Als ich endlich der Gefangenschaft meiner Studien entrann und diese vorzeitig abbrach, war ich achtzehn Jahre alt und hatte eine Menge Tex-Willer-Comics gelesen. Eines Tages traf ich im Dorf den Mann mit den Birnen und sprach ihn absichtlich auf die Episode von damals an. Ein paar gezielte Sticheleien sollten ihn provozieren.

Tatsächlich brach sich seine cholerische Natur sofort Bahn, und rasend vor Wut griff er mich an. Aber diesmal saß ich nicht auf einem Baum. Jetzt verfügte ich über ausreichend Muskeln und hatte gute Lust, es ihm heimzuzahlen. Vielleicht waren daran ja die Comics von Tex Willer schuld. Jedenfalls glich ich nach sechs Jahren die Rechnung aus und schlug ihn nieder.

Birnbaum und Apfelbaum haben ein weiches Herz. Daher stehen sie seit je den Kindern für ihre Spiele zur Verfügung und wurden zu ihren Freunden und Erziehern. Man erstieg sie, spielte in den Zweigen, plauderte von Ast zu Ast. Die Art ihres Wuchses setzte uns keinerlei Hindernis entgegen. Vor dem Unglück am Vajont lebten wir Kinder

*Ein abgestorbener Baum wird mit der Axt gefällt*

mehr auf den Bäumen als auf der Erde. Wir waren menschliche Affen geworden, und ich glaube, dass mir dieses ständige Training der Gliedmaßen heute noch gut tut.

Auch an die beiden Bäume im Hof unseres Hauses erinnere ich mich noch gut. Auf ihnen war ich groß geworden, in diesen Bäumen hatte ich meine Jugend verbracht. Ich habe sie geliebt und geachtet wie meine Brüder. Aber eines Frühlings waren sie müde geworden und trieben nicht mehr aus. Und mein Vater, für den sie damit »unnütz« geworden waren, fällte sie trotz meiner inständigen Bitten. Was würde ich heute nicht darum geben, wenn ich noch ein wenig von ihrem Holz hätte und daraus eine kleine Figur für meine Kinder machen könnte!

In der Bildhauerei erweisen der Apfel- und der Birnbaum sich als optimale Gefährten, weil sie ein sehr dichtes Holz haben, das sich hervorragend polieren lässt.

Das helle kastanienbraune Holz des Birnbaums, dessen Farbton fast ins Rosarote geht, verleiht der geschnitzten Figur den Anschein, aus lebendigem Fleisch zu sein. Das warme Grau des Apfelbaums hingegen strahlt eine angenehme Sicherheit der Gefühle ohne Wenn und Aber aus.

Im fein ausgewogenen Gleichgewicht des Waldes, wo Böse und Gute, Kluge und Dumme sich abwechseln, wo die Schönen den Hässlichen die Waage halten und die Nützlichen den Unnützen, in diesem feinen Geflecht behauptet auch die Linde ihren Platz.

Sie ist die Schwester der Pappel und daher kaum glücklicher als diese. Es scheint, als habe sie eine mitleidige Seele gefunden, die sie gewaschen, angekleidet und parfümiert hat. Außerdem hat sie ihr wohl noch beigebracht, wie man sich gerade hält. Doch die Linde, die sich aus ihrer wenig erfreulichen Lage endlich befreien wollte, hat es übertrieben, und da sie nicht gerade zu den Raffiniertesten gehört, ist sie in die Falle gegangen und ordinär geworden. Im Frühling besprüht sie sich derartig ausgiebig mit ihrem Parfüm, dass man schon vom Vorübergehen Kopfschmerzen bekommt. Auch ihr Kleid zeigt wenig Vertrautheit mit Geschmack und Eleganz. Sie will mit der Mode gehen, hinkt aber immer ein bisschen hinterher. Daher trägt sie oft auffällige oder altmodische Kleider, die sie lächerlich erscheinen lassen. Die Verwandtschaft mit der Pappel streitet sie schlichtweg ab und umgibt sich dafür mit Dingen, die ihr in ihren Augen Stil und Würde verleihen. Wie lächerlich die Linde doch ist!

Sie erinnert mich an die Typen, die im Café stehen, das Handy gut sichtbar am Gürtel eingehängt, und darauf warten, dass es endlich klingelt, damit sie der Welt beweisen können, dass es sie gibt.

Da ist mir die Pappel noch tausend Mal lieber, denn sie macht sich wenigstens nichts vor und akzeptiert sich, wie sie ist.

Wie all jene, an denen jeder Erziehungsversuch gescheitert ist (und das sind nicht wenige!), hetzt und schimpft die Linde, was sie nur kann. Sie setzt ihre Ellbogen ein und drängelt ohne jede Rücksicht auf ihren Nächsten nach vorn.

Menschlich taugt ihre Verwandte, die Pappel, viel mehr. Die Pappel hat sich trotz ihres Unglücks, trotz ihres Leidens am Leben und des damit verbundenen Schmerzes, ihre Identität bewahrt. Sogar die Stechpalme mit ihrer offen zu Tage tretenden Bosheit ist mir noch lieber als diese »Neureiche«, die – ich gestehe es – mir nur Mitleid einflößt.

In der Fabrik des Lebens, in der die Buchen fleißig Schrauben eindrehen, hat die Linde sich den Platz des Aufsehers erkämpft, der zum Chef immer schön Ja und Amen sagt, um sich ein paar Privilegien zu erschmeicheln.

Mit tausend Schachzügen hat sie es schließlich geschafft, sich eine gebrauchte Luxuskarosse zuzulegen, damit man sie für reich hält. Dies lässt sie noch lächerlicher erscheinen, denn dem Armen sind die Zeichen seines Unglücks ins Gesicht geschrieben, und sie lassen sich genauso wenig auslöschen wie Pockennarben. Aus reinem Anstand erspare ich Ihnen, was die Nachbarn der Linde über sie erzählen.

Wie alle Blender neigt sie den Kopf und wird servil, wenn sie auf die Weißtanne trifft. Allerdings lässt sie dies dann an den Schwächeren und Unglücklicheren wieder aus.

Die Birke, die sie besonders aufs Korn genommen hat, betrachtet die Linde mit diesem gewissen Ausdruck, in dem sich Ironie und Mitleid mischen und der allein schon alles sagt.

Der Körper der Linde wächst schnell, doch ihr Fleisch ist schwach. Die Axt dringt rasch ein und lässt sich auch leicht wieder herausziehen. Da sie so weiches Holz hat, wird sie manchmal auch für Skulpturen gebraucht, aber nur im äußersten Notfall, wenn keine Zirbelkiefer vorhanden ist und auch keine anderen Hölzer zur Verfügung stehen. Vor 25 Jahren, als ich meine Karriere als Holzbildhauer gerade begann, hatte ich kein Geld, um das Holz der Zirbelkiefer zu kaufen. Da gab mir ein Holzschnitzer aus Erto, der meine Leidenschaft kannte, den Tipp, ich solle mir doch einmal die Linde unter der Daltinbrücke ansehen, die auf etwa hundert Metern Höhe über dem Abgrund schwebte. »Das ist ein weiches Holz«, meinte er. »Damit kannst du prima arbeiten.« Am nächsten Tag nahm ich ein paar Stricke, ließ mich angeseilt in die Schlucht hinunter, band den Baum fest und fing an, ihn zu fällen – mit dem Kopf nach unten über dem Abgrund hängend wie eine Fledermaus. Es war fast wie eine schwierige Bergtour in den Dolomiten. Doch mit Hilfe des Mannes, der mich auf den Baum aufmerksam gemacht hatte, gelang es mir schließlich, ihn hochzuziehen. Da bat mich der Schnitzer, ob er nicht die Hälfte des Holzes haben könne. »Ich würde natürlich dafür bezahlen«, fügte er hinzu. Und dann gestand er mir ganz ehrlich, dass dieser Baum ihn schon lange gereizt habe, aber dass er weder die technischen Fähigkeiten noch den Mut gehabt hätte, sich abzuseilen und ihn selbst zu fällen. Ich gab ihm großzügig die Hälfte ab. Aus meinem Stück schnitzte ich ein paar Madonnen, die aber übermäßig leicht waren und keinen rechten Schnitt erlaubten, so als wären sie aus Seife. Nun ja, wenn jemand den Schein mehr als das Sein liebt, dann hat er eben keine soliden Grundlagen, die ihm Härte und Festigkeit verlei-

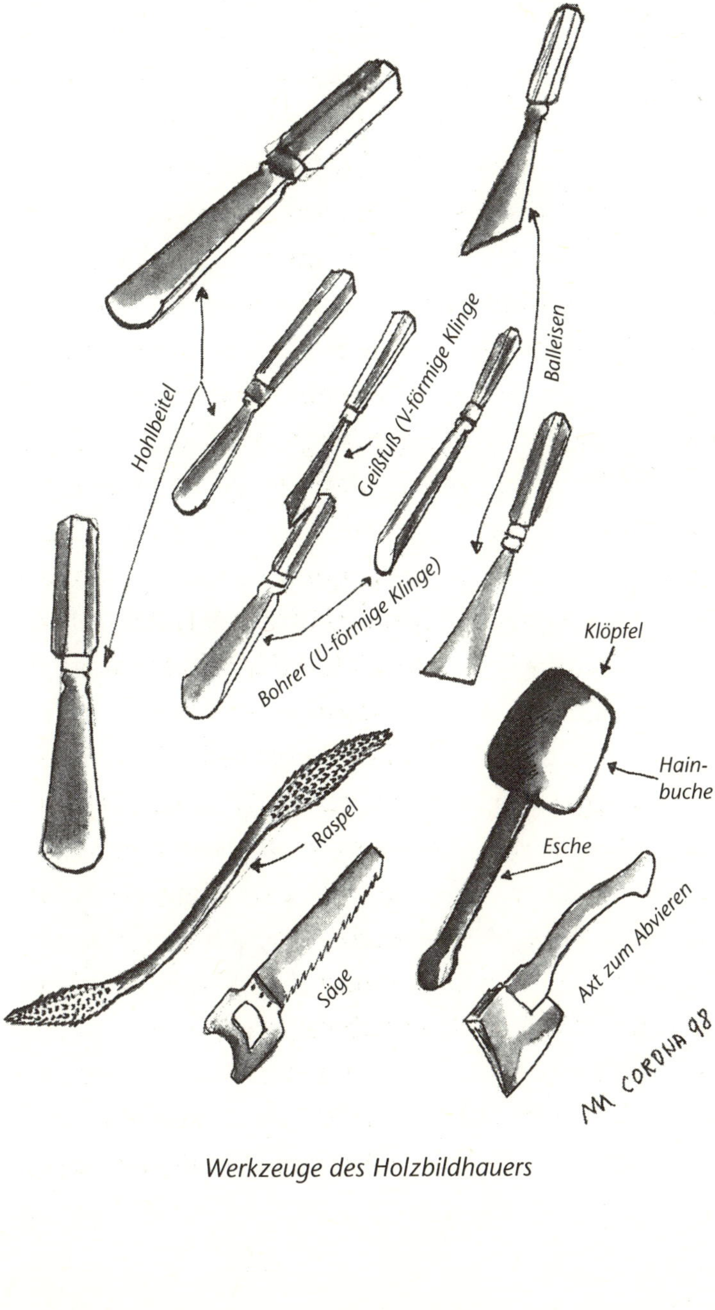


*Werkzeuge des Holzbildhauers*

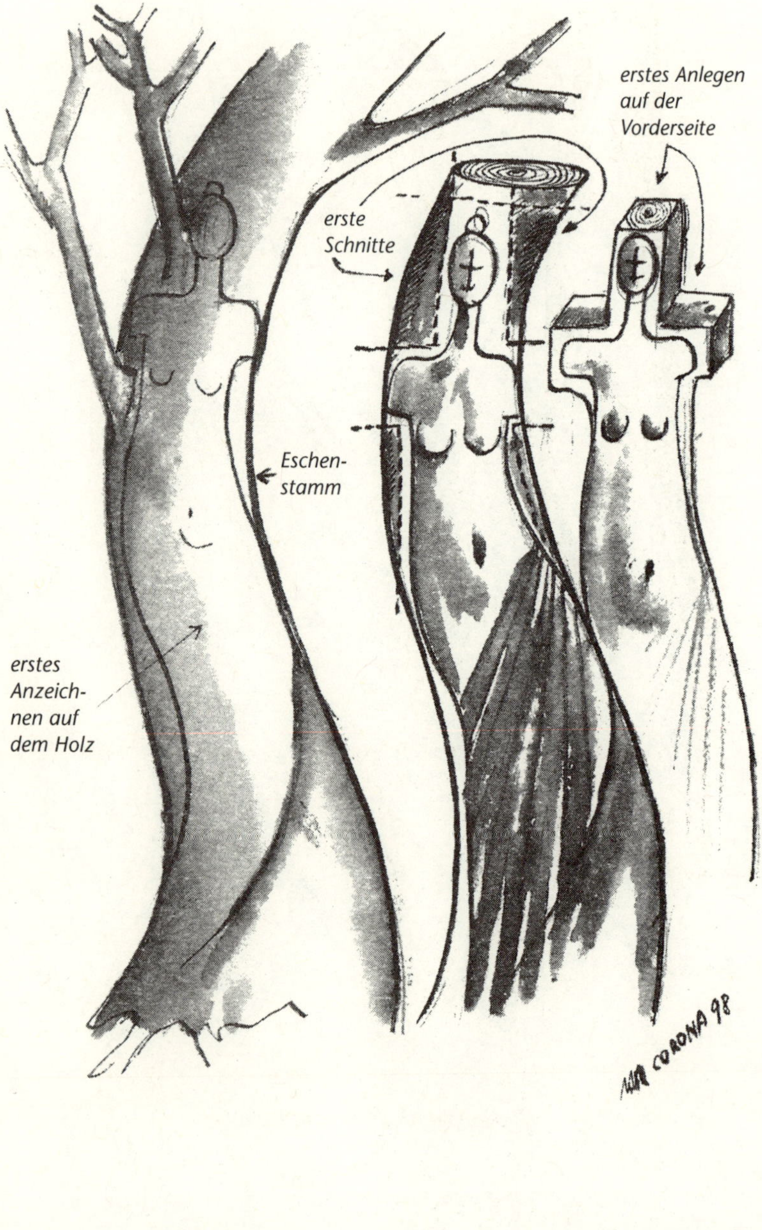
erstes Anlegen
auf der
Vorderseite
erste
Schnitte
Eschen-
stamm
erstes
Anzeich-
nen auf
dem Holz
CORONA 98

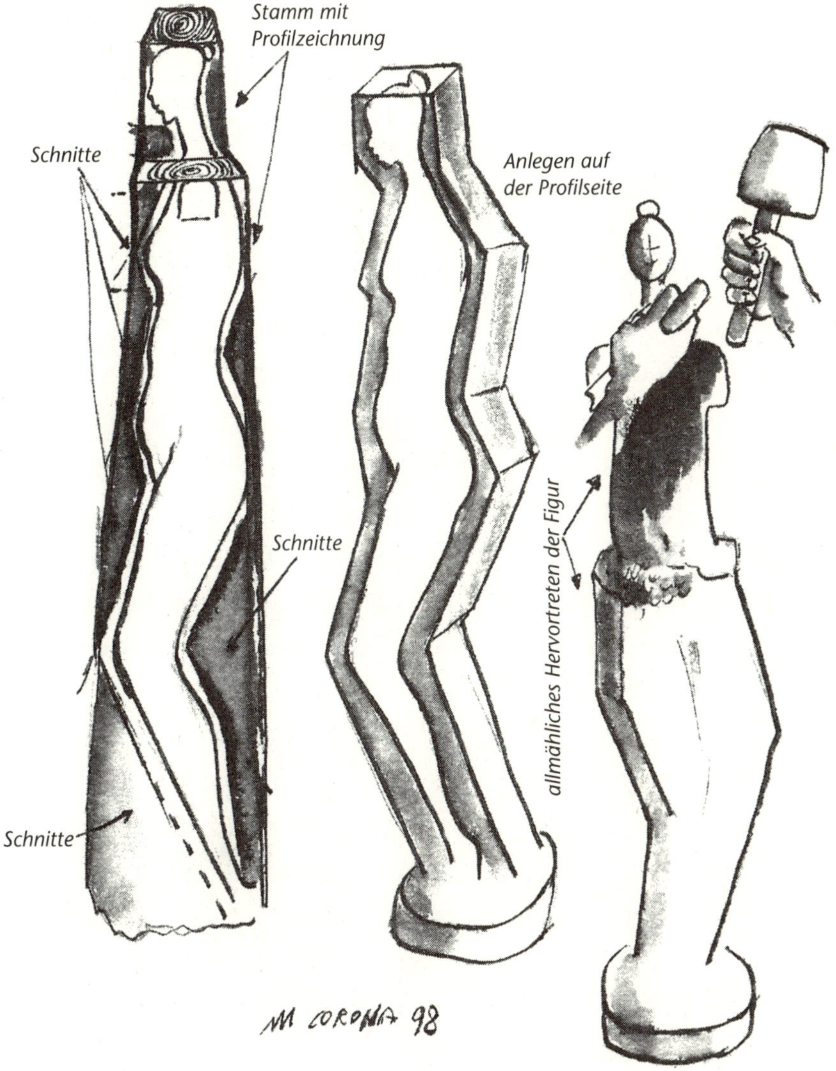


*Wie eine Skulptur entsteht*

hen könnten. Er gleicht mehr den Pappkameraden. Deren Fassade täuscht: Von außen sehen sie großartig und sicher aus, aber schon beim ersten Wortwechsel klappen sie zusammen und enthüllen ihre enttäuschend fade Natur. Das sind Linden!

Was für ein Unterschied zwischen der einfachen, seriösen Zirbelkiefer und der Blenderin Linde! Nur den starken Geruch haben sie beide gemeinsam.

Die Zirbelkiefer ähnelt der Gemeinen Kiefer, doch ihre Nadeln sind viel dunkler. Auch die Rinde ist dunkler und rauer. Auf den ersten Blick sieht sie schweigsam und scheu aus, in Wirklichkeit aber verbirgt sich im Schatten dieser ruhigen und gelassenen Lebensweise ein gütiges Herz. Sie steht im Wald für den Sonntag, den Tag des Herrn, an dem alles lächelt und ruht.

Ihr Körper enthält Harze von wundervollem Duft. Sie verströmt einen so intensiven Wohlgeruch (der sich gleichwohl deutlich vom aufdringlichen Parfüm der Linde unterscheidet), dass nicht einmal der Holzwurm, vor dem alle anderen Hölzer eine Höllenangst haben, ihr zu nahe treten kann. Sobald er durch die Rinde eingedrungen ist, gibt er sich geschlagen und tritt betrunken den Rückzug an: Die aromatischen Harze betäuben ihn fast bis zur Ohnmacht. Also flieht er, um sein Lied in der

Brust anderer Bäume zu singen. Die Zirbelkiefer ist einer der wenigen Bäume, die dem Holzwurm keinen Eintritt in ihr Innerstes gewähren.

Wenn wir am Stamm einer Zirbelkiefer schnuppern, wird uns unmittelbar einsichtig, was uns das Leben auf der Erde bedeutet. In diesem Duft steckt alles: die Berge, das Meer, die Wüsten, die Lust zu leben, die Einfachheit. Hängen Sie einen Zirbelkieferzweig in Ihr Zimmer, dann holen Sie sich den Wald ins Haus. Atmen Sie ihren Duft ein, er wird Ihren Lungen gut tun. Im geschlossenen Raum hält dieses Aroma viele Jahre lang an.

Als ich Augusto Murer zum ersten Mal in seinem Atelier in Falcade im Agordino aufsuchte, umfing mich, kaum hatte ich die Schwelle übertreten, ein herber Duft von Harzen. Er kam von einer Schnitzerei, die auf dem ersten Treppenabsatz angebracht war. Es war ein Flachrelief aus Zirbelkiefer aus dem Jahr 1959. Als Murer im Jahr 1985 starb, war der Duft immer noch spürbar, und ich bin überzeugt davon, dass man das Aroma auch heute noch wahrnimmt. Augusto Murer war nicht so verrückt wie die Schreiner, Holzbildhauer und Möbelmacher heutiger Tage. Er deckte die Seele der Zirbelkiefer nicht mit synthetischen Lacken oder Farbanstrichen zu. Er behandelte das Holz höchstens mit ein wenig Bienenwachs, um ihm mehr Leuchtkraft zu geben. Niemals hätte er den Atem seiner Bäume erstickt.

Bei uns ist die Zirbelkiefer sehr selten. Die ersten zusammenhängenden Gruppen sah ich im Val di Zoldo, in der Gegend von Cortina, im Pustertal und in Österreich.

Wie alle anspruchsvollen Menschen liebt die Zirbelkiefer große Höhen. Sie lebt auf 1800 bis 2000 Meter Höhe, wo die feine Bergluft sie reinigt, von allem Überflüssigen befreit und mit duftenden Essenzen durchtränkt.

Zum Schnitzen ist das Holz der Zirbelkiefer ausgezeichnet geeignet. Daher ist sie vielleicht auch der meistverwendete Baum für diesen Zweck. Weich und geschmeidig, dicht und gefügig. Leider war ihr Leben früher in ernsthafter Gefahr. Gerade weil sie so wunderbare Eigenschaften hat, stand sie schon kurz vor dem Aussterben. In den Tälern der Dolomiten wurde sie von Holzschnitzern und Möbelbauern recht häufig verwendet, doch leider ließen diese beim Fällen der Bäume keinerlei Behutsamkeit walten. Glücklicherweise ist sie jetzt per Gesetz geschützt, sodass sie nur noch kontrolliert geschlagen werden darf. Wenn sie verschwunden wäre, hätten wir den »Sonntag des Waldes« verloren und mit ihm seinen ständigen Begleiter, den einzigartigen Duft der Zirbelkiefer.

Meiner Ansicht nach kann man sich auch in Bäume verlieben. Mir ist das mit der Zirbelkiefer passiert. Wenn ich im Herbst in meiner Werkstatt eine Auswahl von Zirbelkieferstämmen lagere, die nur darauf warten, bearbeitet zu werden, erfüllt mich dies mit tiefster Zufriedenheit. Tag für Tag leisten sie mir Gesellschaft, sodass ich den ganzen Winter von diesem feinen Duft umhüllt bin. Und auch danach, wenn die Stämme zu Skulpturen geworden sind, verlässt er mich nicht.

Vielleicht rührt diese Liebe zur Zirbelkiefer aus dem Unbewussten her. Denn meine Großmutter hat mir erzählt, dass ich als Baby mehrere Monate lang in einer Zirbelkieferwiege schlief. Mein Großvater hatte sie für seinen erstgeborenen Enkel im Val Gardena gekauft. Weil wir wenig Platz hatten, befestigte man sie einfach mit vier Seilen an den Deckenbalken. So hing sie etwa einen Meter über der Erde. Ein kleiner Schubs reichte aus, und ich schaukelte einige Minuten lang hin und her, ohne

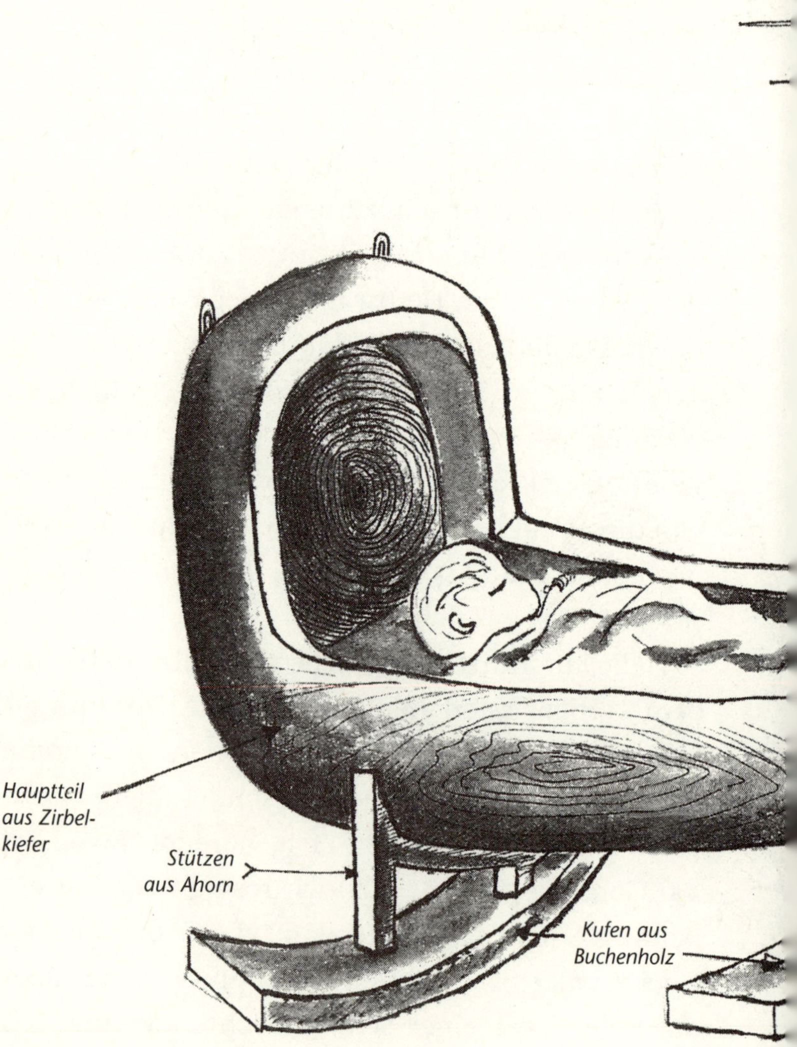
Hauptteil
aus Zirbel-
kiefer
Stützen
aus Ahorn
Kufen aus
Buchenholz

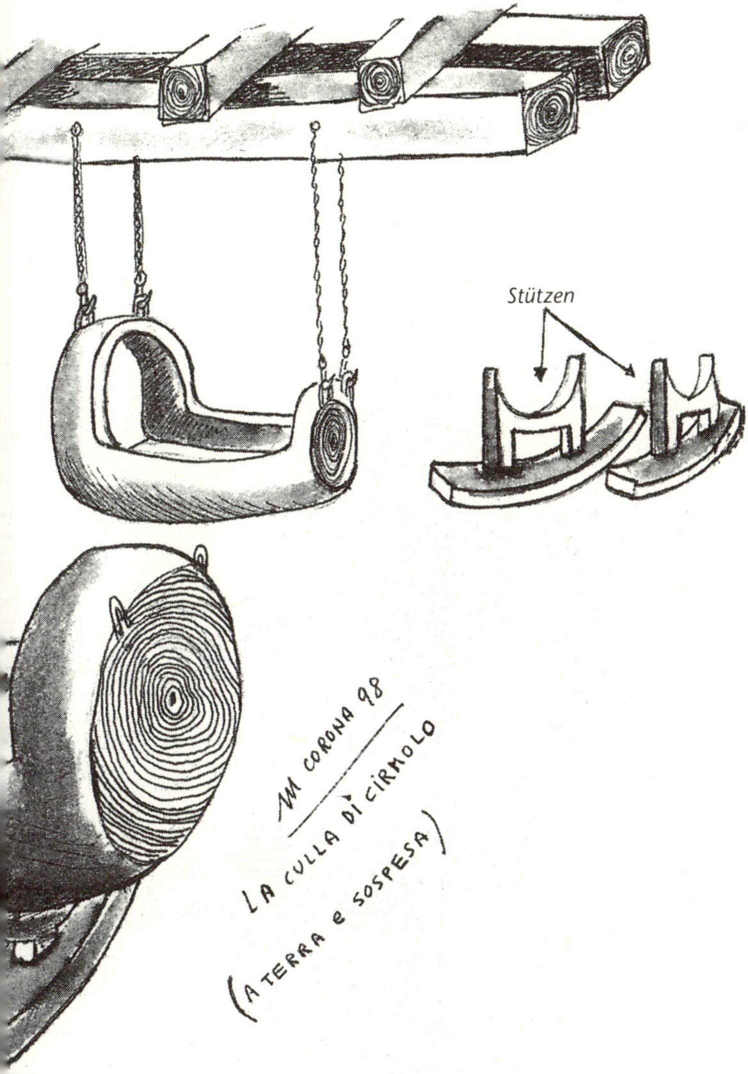


*Die Zirbelkieferwiege (stehend oder hängend)*

dass sich extra jemand darum kümmern musste. Vielleicht beeinflusste die besondere Art dieser Wiege auch meine Vorliebe fürs Bergsteigen, denn schließlich hing ich, kaum war ich geboren, schon über dem Nichts.

Die Zirbelkiefer hat den vollkommenen inneren Frieden erreicht. Sie streitet mit niemandem und mischt sich nicht in anderer Leute Angelegenheiten ein.

Diese Ausgeglichenheit sorgt dafür, dass sie weder beneidet noch kritisiert wird. Denn nicht einmal der übel wollendste Verleumder würde in ihr einen Mangel finden, an dem er einhaken könnte.

Ihre Gegenwart ist für alle eine reine Freude. Auch die Weißtanne, der Herr der Bäume, ist sich der Bedeutung der Zirbelkiefer bewusst. Sie weiß, dass sie der Zirbelkiefer im Krankheitsfall das Hüten des Waldes anvertrauen und trotzdem sicher sein kann, dass bei der Rückkehr alles in bester Ordnung ist.

Es gibt Dinge im Leben, deren Existenz für unser Leben wirklich von Bedeutung ist, doch meist merken wir das erst, wenn sie nicht mehr da sind. Freunde, Wälder, Tiere können nicht aus unserem Leben verschwinden, ohne ein Gefühl von Angst und Traurigkeit zurückzulassen. Warum also ganze

Wälder vernichten, um die kleine, schäbige Rache einer Einzelperson zu befriedigen? Für einen vorsätzlich gelegten Brand gibt es keinerlei Entschuldigung. Für mich wiegt dieses Verbrechen genauso schwer wie ein Mord, wenn nicht noch schwerer. Und entsprechend müsste es auch geahndet werden.

Aber zurück zu unserer Zirbelkiefer.

Der Wind kann ihr nicht viel anhaben, und auch der Schnee, der in großen Höhen zuhauf auf sie herunterfällt, kann ihr die Arme nicht brechen, wie er es mit vielen ihrer Brüder tut. Je mehr Schnee auf ihren Zweigen liegt, desto tiefer neigt die Zirbelkiefer ihre Arme zu Boden, sodass der Schnee irgendwann herunterfällt und die Äste wieder in ihre ursprüngliche Position zurückschnellen.

Ich denke manchmal, dass einige der Kampfkünste von der Zirbelkiefer und ihresgleichen gelernt haben könnten, als sie ihre Techniken entwickelten, vor allem, wenn es darum geht, der Kraft des Feindes durch biegsame Anpassung auszuweichen.

Wie der Schneeball und die Birke so weiß auch die Zirbelkiefer, dass es nicht viel Sinn hat, sich auf etwas zu versteifen, was von Anfang an zum Scheitern verurteilt ist. Sie ist sanftmütig, aber nicht aus

Furcht, sondern aus der Weisheit der Erfahrung heraus.

Lassen Sie sich auf die Begegnung mit einer Zirbelkiefer ein, und das Lächeln wird Sie den ganzen Tag über begleiten. Wie viele Menschen fahren sonntags zum Picknick in den Wald, ohne die Bäume überhaupt nur anzusehen. Dabei würde es schon genügen, wenn sie das Radio einmal abstellten, sich einem Baum gegenübersetzten und ihn nur zehn Minuten lang betrachteten. Sofort würden sie spüren, dass in ihnen etwas Gutes entstanden ist, eine Art aufrichtiger Sympathie für einen guten Freund. Und abends würden sie zufrieden nach Hause zurückkehren, in sich das Gefühl geheimer Komplizenschaft, das entsteht, wenn zwei Freunde ein Abenteuer miteinander geteilt haben.

Mir steht die Zirbelkiefer sehr nahe. Sie ist der Gefährte meiner Tage, bis mir einmal das »letzte Schach« geboten wird, wie Claudio Magris dies genannt hat.

Nun endlich sprechen wir von ihr, der Hausherrin, aus der der Bildhauer Marino Marini seine Pomonafiguren schuf. Von der Eiche ist die Rede, der Frau, die ihre Familie gut versorgt sieht und sich nun ein wenig Entspannung gönnt. Ihren Kindern geht es gut, sie haben Arbeit gefunden. Jetzt ist die Eiche glücklich und zufrieden.

Groß, breit und einfach wie sie ist, erinnert sie an eine Glucke, die ständig bereit ist, ihre Küken unter die schützenden Fittiche zu nehmen. Angst und Sorge haben sie seit langem verlassen, auch wenn sie sie vorher zermürbt haben. So ist sie schwer geworden und hat ihre Form schon seit langem verloren.

Die Eiche hat wenig Kultur. Sie ist immer ein bisschen gewöhnlich und provinziell. Unter den Bäumen des Waldes lässt sie uns an jene Matronen denken, die ihr Leben im Innenhof ihres Hauses verbringen, die Hände in die Hüften gestemmt, nachdem sie sie an der fleckigen Schürze abgewischt haben. Mit den Nachbarinnen stehen sie auf bestem Fuße. Außerdem wissen sie alles im Voraus: welches Mädchen gerade ein Kind bekommt und welche Ehefrau einen Liebhaber hat.

Ihre Gefühle kennen keine Höhen und Tiefen mehr. Sie ist einfach da und nimmt alles auf, was geschieht, nur um es dann mit jener Scheinheiligkeit, jener Freude am Skandal wiederzugeben, die für all jene typisch ist, die bestimmte Sünden einfach nicht mehr begehen können.

Als gerade die Eiche zum Symbol einer linken Partei wurde, tauschten die Bäume im Wald amüsierte, ironische Seufzer aus. Als dann der Ernst wieder einkehrte und sie über dieses neue Faktum sprachen, kamen sie einstimmig zu dem Beschluss, dass jeder, der einen Baum als Symbol für eine Partei auswählte, erst einmal Holzfäller gewesen sein sollte, wenigstens ein paar Jahre lang.

Ein wenig Walderfahrung hätte auch jenen nicht geschadet, die den Olivenbaum ins politische Spiel gebracht haben. Der Olivenbaum ist von ernstem Wesen. Seinen verhaltenen Schmerz trägt er mit großer Würde, er neigt nicht dazu, ihn hinauszuschreien. Der Olivenbaum mag das Gerede in den Salons nicht, die Versammlungen und Debatten am runden Tisch. Er lebt von seiner schmerzvollen Vergangenheit und spricht nicht von strahlenden zukünftigen Errungenschaften und fernen Reichtümern. Der Olivenbaum verlangt Respekt und will nicht für politische Ränke missbraucht werden. Zu diesem Zweck, so lassen die Bäume ausrichten, eignet sich eher die Tierwelt: Adler, Bären, Gämsen, Wildschweine, Regenwürmer und so weiter.

Der Olivenbaum lebt nicht in meinen Wäldern, doch ich möchte trotzdem von ihm sprechen, weil ich ihn zutiefst achte.

*Olivenbaum in Matraia*

Er ist ein edler Baum, voll Schönheit und Verzweiflung. Er wächst aus einem uralten Schmerz heraus, der ihn verformt und in beeindruckende Windungen biegt. Wenn Sie Lust haben sollten, eine Reihe gequälter und absurder Figuren zu betrachten, dann sollten Sie durch einen Olivenhain spazieren. Dort begegnen Ihnen wahre Prozessionen gramgebeugter Männer und Frauen, die ihren Schmerz still ertragen. Ihr Weinen gellt uns nicht in den Ohren. Der Olivenbaum will unsere Aufmerksamkeit nicht, ganz im Gegenteil, er versucht, den Kummer so weit wie möglich zu verstecken. Aber das gelingt ihm nicht. Seine Formen verraten ihn. Sogar ein Kind könnte darin das Zittern der Qual wahrnehmen, eine tragische Dramatik, die aus der Erde kommt.

Vor einigen Jahren fuhr ich über Weihnachten nach Matraia, in der Nähe von Lucca. Ich besuchte dort einen Freund namens Andrea Gobetti, einen der wenigen, die mir noch verblieben sind. Er wohnt in einer alten Ölmühle inmitten eines Olivenhains an einem Berghang. Ich befand mich auf dem Weg zu seinem Haus und bog gerade um die letzte Kurve, da blieb ich angesichts dieses Waldes erhobener Arme stehen. Ich stand vor einem Heer zerbrochener Körper und gekrümmter Rücken, und

*Verzweifelte Olivenbäume in Matraia*

doch überkam mich angesichts dieser Bäume augenblicklich ein tiefer innerer Friede. In diesem Hain alter Olivenbäume herrschte eine stille Feierlichkeit, ein geheimnisvolles Schweigen, das mir Achtung einflößte. Mehr als alles andere beeindruckte mich aber, dass diese Olivenbäume trotz ihres krummen, buckeligen Leibes, der sich um sich selbst zu winden schien, als schüttelten ihn schreckliche Krämpfe, so viel Eleganz, Stil und Ausgewogenheit ausstrahlten, wie ich sie bei keinem anderen Baum je gesehen habe.

Dann brachte Andrea mich in sein Holzlager, wo etwa hundert der herrlichsten Olivenbäume aufgestapelt waren. »Ein starker Frost hat sie letzten Winter getötet«, sagte er mir. »Nimm dir, was du brauchen kannst. Es ist fast eine Sünde, sie alle zu verbrennen. Vielleicht könntest du daraus etwas schnitzen.« Womöglich war Andrea gar nicht klar, was für ein großartiges Geschenk er mir damit machte. Ich lud mir einen ganzen Lastwagen voll und brachte die Stämme zu mir nach Erto.

Der Olivenbaum hat ein sehr hartes Holz, das gleichwohl nicht sehr widerstandsfähig ist. Er ist wie Glas, das es mit jedem Werkzeug aufnimmt, aber bei einem leichten Schlag schon zerbrechen kann.

Sein mehr als tausendjähriges Leiden hat den Körper des Olivenbaums hart gemacht, doch andererseits haben sich im Laufe dieser langen Zeit die Fasern fast voneinander gelöst, sodass jetzt jede für sich steht. Sie haben ihre Einheit verloren, sind einsam und spröde wie Glas geworden. Wenn man den Stumpf eines Olivenbaumes mit all seinen Knoten, Buckeln und Windungen betrachtet, könnte man denken, dass er sich nur schwer spalten lässt. Doch das ist nicht der Fall. Es genügt, die Axt auf ihn herabsausen zu lassen, ohne den geringsten Nachdruck, ohne jeglichen Kraftaufwand, und er zerspringt gleich in zwei Teile. Der im Stillen ertragene Schmerz macht zwar stark im Geiste, andererseits laugt er aber auch aus, sodass man zerbrechlich und schutzlos wird und das Interesse am Leben verliert. Aus diesem Grund ist der Olivenbaum auch dem Frost hilflos ausgeliefert. Er lässt sich spalten und brechen, ohne Widerstand zu leisten, was allen, die mit ihm arbeiten wollen, zugute kommt. Aber das wäre noch nicht ausreichend, um ihn neben der Zirbelkiefer zu meinem Lieblingsbaum zu machen.

Dieses Wunder hat die uralte Stimme seiner Jahre vollbracht, die zu mir spricht wie ein offenes Buch. Die Maserung, welche die Jahresringe ihm verleihen, ist wie eine klare, leicht zu lesende Schrift. In diese Linien sind traurige Geschichten eingeschrieben, die von Leid und Schmerz sprechen, auch wenn sie nur leise erzählt werden, ohne dramatische und tragische Töne, aber mit Würde. Eine Skulptur aus dem Olivenbaum, die schön geglättet und mit Bienenwachs eingerieben ist, lenkt den Blick des Betrachters von den Geschichten ab, die im Holz gespeichert sind, und verweist ihn einzig auf die Zeichenfolgen und gewundenen Linien, die sie geheimnisvoll durchziehen. Daher kann man aus dem Olivenbaum keine heiteren, ausgelassenen oder komischen Figuren machen, ohne ihn zu vergewaltigen. Der Baum selbst sagt dir, was er werden möchte. Und daraus wird niemals eine simple Figur mit einfältigem Lächeln. Der Olivenbaum ist ein »großes« Holz, großzügig wie kein anderes. Im Kamin fängt er sofort Feuer, auch wenn er gerade erst geschlagen wurde, und verbrennt mit einer lebendigen, starken Flamme, die unser Herz unmittelbar berührt.

Am Palmsonntag hamsterte meine Großmutter immer die Olivenzweige, welche der Pfarrer massenweise mit nach Erto brachte. Wenn dann ein besonders schweres Gewitter über uns herniederging, verbrannte sie einen Zweig im Kamin, um den bösen Geist des Blitzes zu bannen. Sie verehrte diese Zweige wie die Reliquie eines Heiligen und verteilte sie überall im ganzen Haus.

Im Olivenbaum spiegelt sich das Leben der Menschen wider. Denn niemand auf Erden, vom Straßenkehrer bis zum König, ist gefeit gegen den Schmerz, unter dem die Seele sich krümmt und die Tage sich winden, bis an unser Ende.

Daher sollten wir, wenn wir den letzten Atemzug tun und all das »Holz«, das wir im Laufe unseres Lebens gesammelt haben, uns nichts mehr nützt, an den Olivenbaum denken, auf dass wir still und in Würde wie er aus dieser Welt scheiden.